5-7, rue de l'Ecole-Polytechnique, 75005 Paris

www.editions-harmattan.fr

ISBN : 978-2-343-19360-1
EAN : 9782343193601

Géopolitique des investissements marocains en Afrique

Entre intérêt économique et usage politique

Relations internationales du monde contemporain

Cette collection réunit sous un même label des travaux de spécialistes centrés sur la question des Relations internationales en général envisagées sous leurs différents aspects : juridiques et politiques mais aussi stratégiques et économiques. L'histoire diplomatique et les questions militaires trouveront ici également leur place.

Déjà parus

Sinem YARGIÇ, *Les conventions onusiennes des Droits de l'homme. Analyse et perspectives*, 2018.
Hassan OUAZZANI CHAHDI, *Le Maroc et les traités internationaux. Tradition et modernité*, 2018.
Paul Elvic BATCHOM, *Les parias de la scène internationale, A propos des dynamiques inégalitaires de l'ordre mondial*, 2017.

Ahmed IRAQI

Géopolitique des investissements marocains en Afrique

Entre intérêt économique et usage politique

L'Harmattan

PUBLICATIONS DU MÊME AUTEUR EN 2019

Ouvrages

Ahmed IRAQI, *Le Maroc et l'Afrique subsaharienne : Ébauche nostalgique d'une histoire pluridimensionnelle et multiséculaire*, Éditions Edilivre Aparis, 2019 - ISBN : 978-2-414-36509-8

Ahmed IRAQI, *La stratégie du Maroc en Afrique subsaharienne : Diplomatie polymorphe - Soubassements, limites et enjeux*, Éditions universitaires européennes, 2019 - ISBN : 978-613-8-48039-6

Ouvrages collectifs

Ahmed IRAQI, Étude descriptive de l'état des lieux et des perspectives de développement des infrastructures en Afrique subsaharienne : Entre attraction et répulsion des investissements étrangers, Mohammed RAJAA (Dir.), *La logistique de demain, l'essence de l'excellence de la chaîne logistique,* 2019, pp. 21-39 - ISBN : 978-9920-36-966-4

Articles dans des revues à comité de lecture

Ahmed IRAQI, L'investissement direct étranger en tant que facteur géopolitique du soft power marocain en Afrique : Réflexion interprétative, *Revue Paix et sécurité internationales,* Num. 7, 2019, pp. 279-297 - ISSN : 2341-0868

Ahmed IRAQI, Les apories structurelles en Afrique en tant que facteurs répulsifs des investissements directs étrangers : Clivage entre Afro-optimisme et Afro-pessimisme, *Revista de estudios fronterizos del estrecho de Gibraltar,* Num. 7, 2019, pp. 1-25 - ISSN : 1698-1006

Ahmed IRAQI, Répartition cartographique des investissements directs étrangers marocains en Afrique : Lecture géostratégique, *Public and Non profit Management Review,* Vol. 4.2, 2019, pp. 39-56 - ISSN : 2509-081X

Ahmed IRAQI, L'articulation de la dimension sécuritaire et religieuse dans la politique étrangère du Maroc en Afrique subsaharienne : Branding religieux à double face, *International Journal of Innovation and Applied Studies,* Vol. 25 No. 3, 2019, pp. 890-899 - ISSN : 2028-9324

À la mémoire de mon grand-père Aboubakr, mon père affectif

À ma chère mère et À mon cher père

À ma famille

SOMMAIRE

« La politique d'un État est dans sa géographie »
Napoléon Bonaparte

INTRODUCTION

La prise de conscience étendue et manifeste des pays africains quant à l'intérêt des politiques d'attraction des investissements étrangers et de leur impact sur l'économie nationale a mobilisé ardemment la prédation économique des firmes multinationales (FMN) occidentales vis-à-vis du continent, à fortiori quand celui-ci présente des opportunités d'affaires et d'investissement inouïes eu égard aux déficiences structurelles[1] et à l'arriération endémique qu'il présente.[2] Dit autrement, le temps des hostilités mutuelles est réciproquement révolu, quand d'un côté l'Afrique, région particulièrement contrastée, craignait une ère néocoloniale avec la montée de mouvements de déprédation économique et de l'autre côté, l'occident, confronté au spectre de la péremption des marchés intérieurs, en quête d'alternatives économiques, redoutait l'insécurité et l'instabilité. Au regard de ce débat éternel mettant au diapason le retard cumulé et les potentialités inouïes de l'Afrique, deux courants fondamentalistes principaux s'imposent au sein de virulentes divergences d'opinions autour du paradoxe africain, à savoir que le premier prône le discours afro-pessimiste et que le deuxième opte pour l'approche afro-optimiste.

Ainsi, le tout premier courant afro-pessimiste a vu le jour en différentes strates successives d'analyses critiques et dystopiques dont on peut citer celle des années 1970 qui remet en cause l'explication du retard africain par les conséquences néfastes de la colonisation, voire l'existence d'un colonialisme contemporain dit néo-colonialisme tout en critiquant la main mise et la responsabilité des dirigeants locaux et leurs modes de

---

[1] Banque africaine de développement, *Perspectives économiques en Afrique*, 2018

[2] Ahmed IRAQI, *Étude descriptive de l'état des lieux et des perspectives de développement des infrastructures en Afrique subsaharienne : Entre attraction et répulsion des investissements étrangers*, Mohammed RAJAA (Dir.), La logistique de demain, l'essence de l'excellence de la chaîne logistique (Ouvrage collectif), 2019, pp. 21-39

gouvernance kleptocratique. Puis celle des années 1980 qui fait le point sur l'inefficacité des aides internationales à l'Afrique, voire leur inutilité sachant que le décalage de l'Afrique avec le reste des continents n'a jamais pu être rétréci. D'ailleurs, l'excès d'aide attribuée aux pays de l'Afrique subsaharienne a souvent été pointé du doigt dans la mesure où ce sont les gouvernements africains et leur mauvaise gouvernance qui n'ont jamais su l'exploiter en faveur de la relance de leurs pays. Celles-ci, en l'occurrence les aides internationales, sont contournées et réappropriées de différentes manières, dans tous les cas, les récipiendaires traitent cette extériorité et transforment les aides et les donations sous toutes leurs formes en fonction de leurs propres règles et intérêts. Cette dissymétrie est davantage renforcée par les modes de formation des États, des institutions et des légitimations en Afrique qui ont des marges de manœuvre extrémistes et non rationnelles, limitées dans un premier scénario où les donateurs extérieurs sont présents au cœur des fonctions de souveraineté, ou illimitées dans un deuxième scénario, dans un contexte de dictature et d'autocratie.

Le discours afro-optimiste, qui a pris beaucoup d'élan à l'aube du XXIe Siècle, apporte quant à lui une acception plus positive des perspectives de développement en Afrique et s'appuie en effet sur des statistiques flatteuses en terme de croissance économique soutenue et d'attraction multisectorielle des flux d'investissements directs étrangers en plus de l'essor d'une classe moyenne africaine de plus en plus avide de consommation[3] ajoutant à cela le fort potentiel d'urbanisation et de besoin en infrastructures toutes azimuts. Dans ce même état d'esprit optimiste, le succès de quelques transitions politiques africaines à l'exemple du Ghana, de la Gambie, du Cap-Vert et du Sénégal témoigne des avancées de la démocratie et des réformes politiques sur le continent et donne une lueur d'espoir à cette approche affable. Au-delà de ces paradoxes, malgré la récession économique mondiale, la renaissance économique en Afrique s'est amorcée ces dernières années et fait parler son

[3] Ahmed IRAQI, *The growth of the African middle class as a determining factor in attracting foreign direct investments*, Proceedings of the 38th International scientific conference on Economic and Social Development, 2019, pp. 32-39

potentiel inconditionnel, justifiant par là les arguments relatés par les adeptes de l'afro-optimisme. Toutefois, la pléthore de ce potentiel est naturellement liée à la question des ressources naturelles et plus particulièrement à leur pillage, à la gouvernance autocratique et illégitime en plus de la corruption des dirigeants locaux qui affecte l'intégralité de l'écosystème de la structure gouvernante. En effet, l'Afrique abrite plus de pays abondants en ressources naturelles (RN) qu'aucune autre région du monde, le continent possède effectivement 7 % des réserves mondiales prouvées en pétrole et d'importants gisements en gaz et minerais, constat factuel, l'industrie extractive en Afrique réserve des potentialités inouïes. Pourtant, malencontreusement, la majorité des citoyens africains vivent dans des conditions plus que déplorables, en partie attribuables à la distribution inéquitable des bénéfices provenant essentiellement de l'exportation de ces ressources.

Conséquemment, c'est ainsi que semble se conforter l'assignation du continent à sa fonction de pourvoyeur dominé des ressources naturelles et de sa dépendance morbide aux produits de base non transformés ce qui le laisse toujours ébranlé par les chocs extérieurs. Ce marasme des matières premières (MP) qui accorde au continent une assignation qu'on peut caractériser d'étiquette a toujours été qualifiée par la littérature économique spécialisée en la matière, de malédiction des ressources naturelles, pour définir ce paradoxe d'abondance qui n'a jusqu'à présent jamais su profiter aux pays africains. Il est à noter à titre d'exemple que les cinq premiers pays producteurs de pétrole en Afrique se classent dans le dernier tiers à l'échelle mondiale en termes de mortalité infantile. Ces tristes constats sont en partie dus à la réaffectation de ces revenus dans le financement du patronage et des structures de sécurité sur lesquelles ces gouvernements reposent pour rester et s'éterniser au pouvoir sans le soutien du peuple et au détriment du développement socio-économique de leurs pays.

Subséquemment, en tant que pays en voie de développement et en quête de leadership régional, le Maroc ne demeure pas des moindres, en qualité de prédateur économique intra-africain, étant à la fois le seul État-nation de la région datant de plus de douze siècles et unique pays du Maghreb arabe à avoir noué et entretenu des relations multiséculaires et multidimensionnelles avec l'Afrique noire, en les conservant et en les fructifiant dans le cadre d'une politique africaine intégrée.[4] Cette situation de convoitise grandissante est appréhendée surtout par le positionnement géostratégique du royaume parallèlement à son histoire et à son ancrage profond dans le continent. Au jour d'aujourd'hui, le retour en force du Maroc sur l'échiquier géopolitique africain est une actualité qui interroge tant l'offensive menée dans ce sens est notable, ce qui soulève des questions de fond. À ce titre, le royaume a capitalisé sur ses acquis historiques en devenant le premier investisseur intra-africain en 2016[5], en réintégrant l'union africaine en 2017 et en obtenant l'accord de principe pour adhérer à la communauté économique des états de l'Afrique de l'ouest (CEDEAO) durant la même année[6]. Constat factuel, tous les indices indiquent indéniablement que le royaume cherche à s'ériger ardemment en puissance régionale après avoir mis de son côté toutes les variables pour s'assurer de la réussite de sa stratégie africaine. Plus spécifiquement, c'est grâce aux investissements marocains envers l'Afrique que la réorientation de la politique continentale du royaume peut être économiquement explicitée étant donné que les investissements directs étrangers (IDE) marocains à destination de l'Afrique ne se sont nettement multipliés qu'entre les périodes 2000 et 2015. Ainsi, entre 2003 et 2013, 85 % des flux totaux d'IDE et 51 % du Stock total d'IDE marocain étaient à destination de l'Afrique. Par ailleurs, d'un point de vue commercial, la part de marché des biens marocains en Afrique subsaharienne a plus que doublé passant de 0,23 % en 2003 à 0,48 % en 2013. D'autant plus, en dépit de la concurrence

[4] Ahmed IRAQI, *Le Maroc et l'Afrique : Ébauche nostalgique d'une histoire multiséculaire et pluridimensionnelle*, 2019, Éditions Aparis-Edilivre

[5] Banque africaine de développement, Organisation de coopération et développement économiques, Programme des nations unies pour le développement, *Perspectives économiques en Afrique*, 2017, p. 54-56

[6] Communauté économique et des États de l'Afrique de l'ouest, *Communiqué final de la cinquante et unième session de la conférences des chefs d'état et de gouvernement de la CEDEAO*, p. 10

étrangère et africaine, le Maroc devient en 2016, le premier investisseur africain en Afrique dépassant ainsi l'Afrique du Sud avec un investissement global atteignant les 5 milliards USD dans 22 projets implantés aux quatre coins du continent. À cet effet, il est à noter que les IDE marocains à destination des pays africains sont marqués par une diversification sectorielle richissime, plus particulièrement dans les domaines de la banque et assurance, des télécommunications, de l'industrie pharmaceutique, de l'immobilier, du secteur des bâtiments et travaux publics, de l'agriculture et des énergies renouvelables. Cependant, ce sont les grands mastodontes marocains publics et privés qui s'accaparent la plus grande part de ces IDE loin devant les PME qui n'arrivent pas à se positionner dans ces marchés continentaux très prometteurs et dépasser l'étroitesse du marché national. Notons que ces PME peuvent jouer un rôle principal dans le déploiement du nouveau paradigme des relations maroco-africaines étant donné qu'elles constituent à elles seules plus de 95 % du tissu économique national. À fortiori, cela s'explique d'une part par la rude concurrence locale et internationale et d'autre part par la prise de risque tous azimuts à prendre en considération dans un contexte continental loin d'être stable face aux risques sécuritaires et politiques qui ne cessent de croitre, et ce à la fois temporellement et spatialement.

Sur le plan géographique, les IDE marocains sont tranquillement bien installés en Afrique de l'ouest, constat qui se traduit par une forte faiblesse de la présence marocaine dans le reste des régions du continent et notamment en Afrique australe et de l'est. Pour autant, le potentiel des investissements étrangers marocains s'ajoute à celui des échanges commerciaux avec les pays d'Afrique, ceux-ci reposent principalement sur la multiplication des connexions directes, sur ce volet, la Royal Air Maroc dessert plus de 30 destinations avec au total 170 vols hebdomadaires vers les principales villes du continent à laquelle s'ajoute le port Tanger Med qui assure des liaisons hebdomadaires avec près de 35 ports en Afrique de l'Ouest. Entretemps, de nos jours, les liens qu'entreprend le Maroc avec les pays appartenant à ces régions ont tendance à se diversifier et à s'accélérer en raison des missions de prospection menées par les opérateurs marocains publics et privés, chargés entre autres de la promotion des exportations et des investissements plus spécifiquement dans ces zones, historiquement délaissées par les instances diplomatiques marocaines, principalement pour des motifs de distance géographique, de langue sachant que la plupart de ces pays sont anglophones ou lusophones, de culture et d'histoire.

Analogiquement, les instances diplomatiques marocaines en ont fait une priorité vu que c'est principalement cette partie de l'Afrique qui regroupe les principaux alliés du Polisario et donc essentiellement les détracteurs de la première cause marocaine qui ont recours aux méthodes les plus méprisantes au sens le plus vil du terme pour nuire aux intérêts du royaume dans ce dossier. La déclinaison de cette facette de la politique africaine marocaine peut s'expliquer par une proximité multidimensionnelle vis-à-vis les pays africains, en l'occurrence, à travers l'aspect géographique, culturel, sécuritaire et économique. De plus, au-delà de l'aspect purement économique, la politique africaine du Royaume repose sur la coopération technique avec les pays d'Afrique subsaharienne dans divers domaines dans une dimension à forte connotation humaine à travers la formation des ressources humaines africaines qui désirent bénéficier de l'expertise marocaine dans plusieurs secteurs à l'instar de la justice, la diplomatie, la douane, l'eau, l'électricité, l'agriculture, les mines, le climat, le tourisme et autres.

Ce partage d'expertise est chaperonné par l'agence marocaine de la coopération internationale (AMCI) qui a fait du continent sa principale ligne de mire. Entretemps, vu l'expertise capitalisée par le Maroc dans ce sens. Un nombre conséquent de pays africains s'inspirent du Royaume comme un modèle de développement pour leurs politiques de diversification dont on peut citer entre autres le Sénégal, le Cameroun, le Gabon, la Guinée-Conakry, le Mali, l'Ethiopie et la Tanzanie. À ce qui précède s'ajoute également l'expertise capitalisée en termes de protection de l'environnement, d'énergies renouvelables et de développement durable qui ont permis au royaume de s'ériger en tant que référence unique en Afrique tout en étant primé en tant que meilleur modèle énergétique sur le continent sur la base de sa stratégie énergétique qu'il partage avec ses compères.

Pour entériner ce qui précède, depuis l'aube de la nouvelle décennie, et depuis son intronisation au trône marocain, le Roi Mohamed VI a effectué 53 visites dans 29 pays africains et signé plus de mille accords et conventions de partenariat. À ce jour, aucun chef d'État n'a effectué autant de visites sur une telle durée, constat justifiant la place primordiale qu'occupe l'Afrique dans la politique étrangère marocaine. Cela prouve également que, loin du leadership discursif habituel des chefs d'État, le souverain marocain reste le cordon ombilical de la diplomatie marocaine en interprétant le rôle d'acteur impulsif à la fois pivot et providentiel de la politique étrangère du pays dans toute prise d'initiative ou conjuration éventuelle face aux risques politiques menaçant les intérêts du royaume. En d'autres mots, quand on parle de diplomatie et politique étrangère, le Roi du Maroc impulse, impose et dispose au sens propre du terme. Conséquemment, la clé de voute de l'écosystème de la politique étrangère marocaine est incarnée par la vision éclairée du monarque et ses conseillers. Toutefois, on s'accorde de confirmer résolument que l'appareil diplomatique marocain demeure encore un simple acteur exécutant loin de tout acte contributeur en termes de prise d'initiative à cette échelle. Cette fatalité tient une réponse non pas obligatoirement dans la sensibilité des enjeux ou éventuellement dans le manque de compétences et d'expérience des acteurs impliqués, ce qui restera irraisonnable et injustifiable vu les réalisations capitalisées, mais plutôt dans l'histoire et dans le rôle qu'ont toujours pris les souverains marocains dans leur implication et leur pilotage minutieux des affaires étrangères du pays à l'image des défunts Rois Mohammed V et Hassan II. Politiquement parlant, l'implication du Maroc a toujours été remarquable dans ce sens comme le démontre clairement la mise en perspective historique d'ailleurs par le biais du rôle qu'a joué le Royaume dans le combat pour l'indépendance des pays africains colonisés et sa prise d'initiative pour la fondation de l'organisation de l'unité africaine (OUA) en 1963 sont des arguments de poids. Notons aussi que malgré l'erreur historique de l'OUA d'avoir accepté l'adhésion dans son institution d'un État fictif et non reconnu internationalement considérant le Sahara marocain comme son espace territorial, les liens maroco-africains n'ont jamais été suspendus après que le pays chérifien ait quitté l'organisation en 1984. De plus, le retour historique du Royaume au sein de l'organisation panafricaine en 2017, rompant ainsi avec la politique de la chaise vide, après avoir obtenu l'accord de 39 pays adhérents en est la preuve tangible synthétisant la profondeur de ces liens. Manifestement, le Maroc a toujours été un poids lourd qui modifie les équilibres et le rôle dominant de quelques puissants États africains à l'instar de l'Afrique du Sud, l'Algérie et le Nigeria. Il a toujours mobilisé les efforts de l'UA pour défendre les intérêts de toutes les régions du continent sachant que l'institution panafricaine n'a jamais été un facteur important de régionalisation par les projets et les acteurs autant qu'un simple syndicat de chefs d'État. Le royaume va ainsi peser pour une intégration régionale plus poussée tout en renforçant le poids des pays francophones par rapport au poids des pays anglophones. L'énième action incrémentale qui nourrit plus cette stratégie d'alliances en direction des organisations étatiques régionales outre la volonté et la motivation du royaume chérifien à consolider ses relations institutionnelles avec le continent n'est autre que l'accord de principe qu'il a obtenu après sa demande d'adhésion à la Communauté économique des États de l'Afrique de l'Ouest (CEDEAO), acte qui s'inscrit directement après sa réintégration à l'UA, la même année en 2017, et qui vise à rejoindre la communauté économique régionale la plus intégrée à l'échelle continentale.

CHAPITRE I

REGARD SYNOPTIQUE SUR LES INVESTISSEMENTS MAROCAINS EN AFRIQUE

La position géostratégique du Maroc et les atouts y afférents lui confèrent une prédisposition naturelle pour assurer un rôle majeur dans l'économie africaine. À ce titre, le royaume a déployé des efforts inouïs pour renforcer son positionnement sur l'échiquier international en suivant une trajectoire aux extensions tentaculaires qui l'ont mené respectivement à obtenir le statut avancé de l'Union européenne (UE)[7] en 2008, à se voir proposer un partenariat stratégique avec le conseil de coopération du golfe (CCG) en 2011 et à réintégrer l'union africaine (UA)[8] en 2017, ce qui en fait de lui un pays proactif et conscient de l'intérêt de la multiplicité des alliances stratégiques dans l'espace mondial. Historiquement, en dépit qu'il soit un pays aux influences multiples et variées, imprégné des cultures européenne, méditerranéenne, maghrébine, moyen-orientale et africaine qui viennent se brasser pour former et enrichir son identité multiple, l'Afrique représente pour le royaume une composante inhérente et indissociable de son histoire pluriséculaire qui fait que l'un a toujours été une prédilection pour l'autre et ce plus particulièrement à partir du moyen âge et l'essor du commerce transsaharien au VIIe siècle qui a fortifié les relations Maroco-ouest africaines dans une perspective multidimensionnelle, en favorisant

[7] Le royaume et l'Union européenne sont depuis 1996 liés par un accord d'association entré en vigueur en 2000. En octobre 2008, le Maroc s'est vu reconnaître un statut avancé qui s'inscrit dans le cadre établi par l'accord d'association de 2000 et vise à un approfondissement des relations politiques, une intégration au marché intérieur par un rapprochement réglementaire outre une coopération sectorielle. Le Maroc est le premier bénéficiaire de la politique européenne de voisinage et de l'aide financière.
[8] Le Maroc s'était retiré de l'organisation de l'unité africaine (OUA) en 1984 après que celle-ci ait admise en son sein un État fantoche autoproclamé par le front Polisario au Sahara marocain, territoire faisant partie intégrale du royaume.

de passage l'intronisation de la religion et de la culture arabo-musulmane dans toute la région sahélienne.[9] La nature de ces liens demeura intacte jusqu'au XVIe Siècle, date qui marqua le ralentissement du commerce caravanier au détriment du commerce maritime.[10] Subséquemment, comme le veut la coutume, avant de développer lapidairement cette section, nous nous attarderons diligemment sur les prémices des relations maroco-africaines qui ont fondé in fine les soubassements contemporains de leur histoire commune.

Section 1 : Prémices de l'ancrage économique marocain en Afrique

L'identité du Maroc a depuis toujours été ancrée en Afrique malgré le fait que sa vision ait été résolument réorientée vers le Nord depuis la fin du XIXe siècle. Cependant, nonobstant un tel revirement, le Maroc n'a jamais oublié son origine. À cet égard, l'enjeu commercial, de par l'importance que joue la géolocalisation favorable du Maroc, a implicitement ouvert les portes à la dimension religieuse et politique dans la mesure où c'est par les routes caravanières[11] qui partaient depuis le Maroc jusqu'au fin fond du Sahel que la religion de l'islam a pénétré Biled el-soudan[12] et de la guinée comme anciennement nommé par les Berbères[13]. Ces itinéraires caravaniers constituaient alors les principaux points de

[9] Pierre BOILLEY et Jean-Pierre CHRÉTIEN, *Histoire de l'Afrique ancienne, Commerce caravanier et traites transsahariennes, Les échanges transsahariens entre le VIIIème et le XVIème Siècle*, La documentation française, 2010, pp. 28-29

[10] Le commerce transsaharien a commencé à décliner à partir du XVIème Siècle, date qui marquait la genèse du commerce maritime outre l'arrivée des européens pour détourner l'essentiel du trafic pour les Amériques.

[11] Les routes caravanières marocaines faisaient partie intégrale du commerce transsaharien entre les pays de la méditerranée et ceux de l'Afrique de l'ouest. Ce commerce s'est accéléré au VIIème siècle en connaissant son apogée du VIIIème siècle jusqu'à la fin du XVIème siècle. Les Principales villes marocaines à partir desquelles transitait le commerce étaient Sidjilmassa et Mogador.

[12] Ahmed IRAQI, *L'articulation de la dimension sécuritaire et religieuse dans la politique étrangère du Maroc en Afrique subsaharienne : Branding religieux à double face*, International Journal of Innovation and Applied Studies, Vol. 25 No. 3 Feb. 2019, pp. 890-899

[13] Les pays du Soudan et de la Guinée ''Biled El-Soudan'' est le nom donné par les Berbères aux pays africains.

relais du commerce transsaharien et faisaient du Maroc le cordon ombilical du commerce dans la région. Ainsi, si on se penche de manière minutieuse sur l'évolution de ces liens, il s'avérera tout naturellement que le commerce y a joué l'essence fondamentale de ce rapprochement, et ce à tous les niveaux, boostant de passage la croisée outre le choc de trois civilisations avec des composantes prodigieusement hétérogènes, en l'occurrence, l'occident, l'Afrique du Nord dans son rôle de tremplin et l'Afrique subsaharienne. Nous retiendrons ainsi par-là que l'ancrage marocain en Afrique a depuis toujours recelé une importance majeure dépendamment des dimensions qu'il touchait de par son emplacement géostratégique en étant un trait d'union entre le Nord et le Sud, outre de par son poids ancestral dans la région qui faisait de lui le berceau des civilisations arabo-musulmanes qui gouvernaient la région étant donné qu'elle a de tout temps été une terre de commerce et d'échanges et où la survie et la subsistance des populations indigènes dépendaient notablement des caravanes. Ceci est sans mentionner que l'établissement des lieux de sédentarisation était principalement marqué par la prospérité du commerce qui était fondamentalement basé sur l'échange à partir du Sud, essentiellement des esclaves capturés lors des Razzia[14], de l'or provenant notamment du Soudan, des épices, des plumes d'oiseaux, des tissus, des drogues, des noix et des céréales alors que du Grand Maroc[15] provenaient principalement le sel qui avait de par son

[14] Désigne une attaque ou une incursion offensive en territoire étranger, dans le but de prendre du butin et de tout rafler, de tout emporter y compris la population indigène pour la revendre dans les traites négrières. Les estimations du nombre d'esclaves vendus en Afrique occidentale sont sujettes à polémique : selon les auteurs, les chiffres varient de 10 000 à 20 000 par an durant toute la période médiévale (20 millions entre 650 et 1920, dont 9 millions pour la traite transsaharienne et 3 millions pour l'esclavage interne).

[15] Les liens entre le Maroc et l'Afrique subsaharienne sont constitutifs de la nation marocaine sachant qu'ils remontent à la dynastie des Almoravides, qui, au XIème siècle, créèrent le ''Grand Maroc'', qui s'étendait du fleuve du Sénégal jusqu'au centre de l'Espagne. Plus tard, sous la dynastie fondée par les Arabes Saadiens (1554-1650), le Maroc domina toute la région, boucle du Niger incluse. À cette époque, à Gao et à Tombouctou, même la prière du vendredi était dite au nom du sultan du Maroc. De même, avant la période coloniale, l'influence marocaine se manifestait par la circulation d'une monnaie unique de Tanger à la vallée du fleuve du Sénégal et par un même système de poids et de mesures. Économiquement, la région était entièrement tournée vers le Maroc avec lequel elle constituait un même monde économique jalonné

importance quasiment une valeur monétaire[16], les chevaux, les dattes, les bijoux, les armes, les étoffes, les tissus, le cuivre, la gomme arabique, le sucre et les livres.[17]

De ce fait, en tant que terre de transit commercial par excellence, ralliant l'Afrique subsaharienne à la méditerranée, le Nord au Sud et l'homme blanc à l'homme noir, fort est de constater que le gène africain du Maroc a été et sera toujours omniprésent. D'ailleurs, le succès de tout processus économique ou politique dans un pays dépend en grande partie de la capacité de celui-ci à implémenter des politiques publiques qui soient en phase avec la réalité historique du pays. Autant dire que dépendamment de la définition de l'Organisation des Nations Unies[18], et à travers une dimension purement commerciale, le concept contemporain de coopération Sud-Sud correspondait parfaitement aux relations marchandes existantes à partir du moyen âge avant même la détermination littéraire contemporaine du terme dans tous ses aspects même si la date de sa genèse revient à la période de décolonisation au XXe Siècle. Pour entériner cela, nous ferons le point sur l'intérêt vital de la vocation commerciale des cités marocaines, de ce point de vue, la première initiative de création des premières villes à vocation

---

par les marchés de Sijilmassa et de Marrakech au Nord et ceux de la vallée du Sénégal et de Tombouctou au Sud.

16 Les caravanes transsahariennes reposaient en partie fondamentalement sur l'acheminement et le commerce du sel, cette matière première qu'on appelait également or blanc était un élément indispensable à la survie des populations puisqu'on troquait à l'époque le sel contre les denrées alimentaires et tout le nécessaire pour survivre pendant les longues périodes. De plus, ce commerce a largement contribué dans la création des liens commerciaux au Sahel.

17 *Ibid.*, Pierre BOILLEY et Jean-Pierre CHRÉTIEN.

18 D'après le Document final de la Conférence de haut niveau des Nations Unies sur la coopération Sud-Sud qui s'est tenue à Nairobi en 2009, « La coopération Sud-Sud est une entreprise commune de peuples et pays du Sud, née d'expériences et de sympathies partagées, fondée sur des objectifs communs et sur la solidarité et régie, entre autres, par les principes de la souveraineté et de l'appropriation nationales, en l'absence de toute condition. La CSS ne doit pas être envisagée comme une forme d'aide publique au développement. C'est un partenariat entre égaux fondé sur la solidarité ». (Nations Unies, 2009, Para. 18) La conférence de de Nairobi a souligné les liens politiques et économiques croissants au sein du monde en développement au moment où les pays du sud assument un rôle de premier plan pour faire face à des problèmes internationaux fondamentaux allant de la reprise économique à la sécurité alimentaire et au changement climatique.

exclusivement commerciale est due aux Berbères.[19] D'autant plus, fondés à raison du commerce, les empires sahéliens qui se succéderont ensuite dans la région comprise entre l'océan Atlantique et le lac Tchad auront toujours le même objectif, à savoir la défense des carrefours sahariens et le maintien de la domination des transactions commerciales entre l'Afrique du Nord et le Sahel. De par-là, en qualité de partenaire septentrional[20] du commerce à travers le Sahara, l'Afrique du Nord fut le pont unique entre le monde méditerranéen et l'Afrique noire. Dans le sillage de la dimension historique si riche des relations commerciales maroco-africaines, il convient de faire un focus sur les prémices qui ont proliféré de manière substantielle ces liens. À cet effet, l'importance capitale et incontestée du point de vue historique des villes marocaines caravanières comme Sijilmassa[21], Tombouctou[22] et

---

[19] Bernard LUGAN, *Les relations transsahariennes, de l'antiquité à l'époque moderne,* Clio, 2000

[20] Qui concerne le Nord, par opposition à méridional, faisant référence au Sud.

[21] Sijilmassa ou Rissani actuellement, fut la principale Base Nord-africaine du commerce caravanier puisqu'elle représentait le carrefour obligé des commerçants partants et des marchands revenants. Cette citée localisée dans la palmeraie sud-est marocaine méritait d'être comptée avec les plus fameux ports de l'époque. Même Ibn Battûta[21], le plus fameux des voyageurs arabes de l'âge moyen avait livré à propos de la localité[21], où il séjourna en 1351, une allusion d'une portée identique. De même, à l'époque, si les plus grandes familles commerciales, juives ou musulmanes, installaient de manière durable un membre de leur famille à Sijilmassa, c'est qu'elle avait un rôle magistral notamment du point de vue marchand. Aussi, depuis la fin du IXème siècle, date où l'on ferma, pour motif d'insécurité, un itinéraire oblique ralliant le Niger depuis la Haute-Égypte, jusqu'à la fin du XIVème siècle, date où d'autres axes l'emportent au travers du Sahara central, c'est de Sijilmassa que partaient la quasi-totalité des caravanes en route pour la grande traversée du grand Sahara qui durait plus ou moins deux mois à travers 1500 à 2000 km de désert. Ainsi, Sijilmassa fut un vecteur incontournable de prospérité commerciale en étant structurée par des communautés familiales richissimes, qui elles-mêmes étaient organisées en véritables réseaux d'informations pour suivre la fluctuation des prix sur le marché selon les différentes régions.

[22] Tombouctou était un point marchand d'une grande importance lors de l'apogée du commerce caravanier transitant entre le Maghreb et le Sahel. Ce qui nous intéresse dans notre étude est la conquête marocaine de la ville en 1591 et qui demeura gouvernée par le royaume chérifien jusqu'au début du XIXème siècle. En effet, l'une des raisons principales derrière cette emprise s'articule autour du fait que si peu de localités africaines ont autant captivé les esprits et stimulé les imaginations que Tombouctou, appelée perle du Soudan, puisqu'elle comptait comme statut différentes dénominations capitalistiques à l'instar d'être à la fois métropole commerciale,

Mogador[23] nourrit davantage ce constat d'ordre commercial.[24] Présentement, l'ouverture internationale du Maroc repose essentiellement sur des aspirations économiques afin de réaliser un développement tous azimuts lui permettant de se positionner comme un pays d'importance à la fois en méditerranée et en Afrique.[25] Conséquemment, les avantages qu'essaye de véhiculer le royaume à l'heure des enjeux géoéconomiques actuels reposent fondamentalement su sa position géostratégique qui lui assigne des atouts majeurs à travers son rôle de carrefour dans le commerce, l'économie et la politique internationaux. Dans cette logique, le royaume est la porte d'entrée principale pour

religieuse, et culturelle de toute la région à cette époque. Forte de son statut commercial, l'histoire de la citée a depuis toujours été intimement liée, d'une part au commerce caravanier et d'autre part au développement de l'Empire songhaï. Rappelons qu'au départ, Tombouctou était principalement un entrepôt outre le point de départ des voyages marchands de sel et d'arrivée de tout ce qui venait du Nord de l'Afrique. Les premières grandes cités de la région furent plutôt Gao et la capitale du Ghana de l'époque. Or, à partir du XIIIème siècle, Tombouctou connaît un essor commercial important vu sa situation géographique au sommet de la boucle du Niger. Tombouctou fut également illustrée par le brillant essor de cités locales dont la richesse attirait des commerçants et visiteurs venus de tout le monde musulman entre les XIIIème et XVIème siècles.

[23] Mogador (en référence à la ville marocaine Essaouira) ou son port plutôt, fut un point central du commerce transsaharien à l'époque dans la mesure où, au temps où Sijilmassa et Fès figuraient comme destinations de la consommation marocaine (consommation intérieure), Mogador était destinée à la consommation étrangère (consommation extérieure) ceci dit, l'exportation. La ville côtière représentait avec les ports d'Agadir, Tanger, Tétouan et Larache les principales citées portuaires du Maroc. Plus encore, son port, depuis sa création en 1765, devint le principal débouché maritime des caravanes commerciales provenant du Sud. En somme, on pourrait évaluer l'importance capitale du Port de Mogador à travers notamment la quantité et la valeur des produits qui y transitaient, à cet égard, notablement varié et ininterrompu, le commerce transsaharien resta prépondérant dans l'économie marocaine tant que cette dernière resta fidèle à sa vocation africaine, soit jusqu'à la deuxième moitié du XIXème siècle qui allait voir le Maghreb-Extrême basculer sur sa frange atlantique à la suite de son ouverture naturelle sur l'Europe. À ce stade, ce commerce donna naissance à diverses évaluations qui témoignaient de l'envergure économique que jouait le positionnement marocain dans ce sens à travers notamment ses villes portuaires, entre autres, Mogador.

[24] Ahmed IRAQI, *Le Maroc et l'Afrique, ébauche d'une histoire pluridimensionnelle et multiséculaire*, Éditions Edilivre, 2019

[25] Imane EL GHAZALI, *Géoéconomie du Maroc contemporain : 5 caractéristiques majeures*, Géopolitique et géoéconomie, 2016

l'Afrique et l'Europe, mais également pour l'Asie, le Moyen-Orient, voire même pour les deux Amériques grâce notamment à la modernisation de ses infrastructures portuaires dont le port de Tanger Med reste le projet de plus grande envergure. Par ailleurs, de nos jours, loin de sa zone de travail habituelle, en l'occurrence l'Europe, le Maroc a diligenté de manière intensive sa diplomatie économique et politique vis-à-vis de l'Afrique afin de renforcer davantage son ancrage historique en Afrique subsaharienne. En effet, cette relation privilégiée avec cette région s'inscrit dans un prolongement historique multidimensionnel naturel dans la mesure où c'est justement cette région ouest-africaine qui connût l'apogée du commerce caravanier où le royaume joua un rôle central comme précédemment mentionné. Tous les indices de la pénétration marocaine en Afrique démontrent clairement cette accentuation dans cette sous-région en particulier, à commencer par les visites royales du souverain marocain remarquablement axées sur cette partie du continent qui regroupe déjà les principaux partenaires commerciaux du royaume à l'image du Sénégal, du Mali et de la Côte d'Ivoire. Ainsi, depuis son intronisation au trône, le roi Mohamed VI a effectué 53 visites dans 29 pays africains [26] dont 30 en Afrique de l'Ouest seulement, soit environ 60 % du nombre total des visites. Comme un symbole, les visites africaines du souverain dépassent de très loin ses visites aux pays du Maghreb et des pays du Moyen-Orient, ce qui nourrit davantage la réflexion que nous voulons mettre en exergue dans ce sens eu égard au caractère ostentatoire de ces visites.

De plus, l'arsenal juridique et réglementaire établi à cet effet reflète parfaitement les aspirations du royaume qui a conclu à partir de l'an 2000, plus d'un millier d'accords avec les pays africains. À titre de comparaison, entre 1956 et 1999, soit en 43 ans, quand le Maroc était Membre de l'OUA, 515 accords avaient été signés, alors que depuis 2000, avec le retrait du Maroc, il y en a eu 949, ce qui signifie presque le double. Découlant de ce qui précède, le Maroc poursuit la mise en œuvre de sa politique d'ouverture sur l'Afrique par la mise en place d'un cadre

[26] Données arrêtées en Décembre 2017.

juridique souple favorisant la conquête de nouveaux espaces géographiques vitaux pour la concrétisation d'objectifs économiques bénéfiques à double sens.

La Croissance nette des investissements marocains en Afrique reste le reflet d'un effort réglementaire consistant qui a proposé d'importantes facilitations aux opérateurs marocains afin de se lancer dans les investissements à destination des marchés africains dans le but de saisir les opportunités qu'ils offrent. Dans cette optique, l'aggiornamento de l'arsenal réglementaire de l'investissement étranger a connu deux nouveautés considérables. D'une part, à travers la libéralisation de l'investissement à l'étranger au profit des entreprises marocaines dans la limite de 30 millions DH par an pour les personnes morales ayant au moins 3 années d'activité avec la condition que la comptabilité de celle-ci soit certifiée par un commissaire aux comptes externe et que l'investissement désiré soit en corrélation directe avec l'activité de l'intéressé, en l'occurrence l'entreprise nationale.[27]

D'autre part, la deuxième politique d'assouplissement mise en œuvre par l'office des changes concerne le relèvement du montant transférable au titre des investissements à l'étranger par les opérateurs nationaux à un plafond équivalent de 100 millions DH pour le continent Africain et de 50 millions DH pour les autres continents[28], à noter par-là, de passage, l'importance accordée aux investissements à destination de l'Afrique. Cette mesure, qui fait partie du cadre d'ouverture graduelle du compte capital, a pour objectif essentiel de permettre aux entreprises marocaines de saisir à temps les opportunités d'investissement en Afrique sans obligation inhérente de se référer directement à l'Office des changes.

La promotion de l'investissement à l'étranger et l'encouragement de l'internationalisation des activités économiques nationales sont largement tributaires d'un environnement réglementaire notamment d'ordre financier

[27] Source : Office des Changes, circulaire 1720.
[28] *Ibid.*, circulaire 1732.

favorable. Il est de même coutumier de savoir que parmi les facteurs qui influent péjorativement sur la compétitivité externe de l'opérateur marocain qui désire investir à l'étranger figure le coût du financement et les pertes inhérentes aux fluctuations des cours de change. Ainsi, par ce qui précède, se révèle toute l'importance de la sphère financière pour la promotion des exportations et des investissements sortants. En d'autres termes, l'opérateur marocain, qu'il soit investisseur ou exportateur aura besoin d'une réglementation financière souple qui lui accorde la possibilité d'effectuer des transactions financières et commerciales en devises avec toute la flexibilité nécessaire en addition à la possibilité de se procurer en parallèle des financements à moindre coût et de pouvoir administrer sa trésorerie en se couvrant contre les fluctuations éventuellement néfastes du cours de change, du taux d'intérêt et du prix. C'est dans cette vision des changes que le Maroc a entrepris un nombre conséquent de réformes réglementaires en termes de change pour fluidifier et assouplir les opérations d'investissement et d'exportation vers l'étranger. De ce fait, parmi les mesures empruntées, figure celle relative aux exportateurs de biens et/ou de services qui sont désormais habilités à créditer leurs comptes en devises et en dirhams convertibles[29] à hauteur de 70 % des recettes d'exportation au lieu de 50 % au passé. Grâce à cette mesure, les opérateurs exportateurs sont également autorisés à effectuer les opérations d'arbitrage devise contre devise et les disponibilités de leurs comptes peuvent être rémunérées par les banques. Selon le même ordre d'idée, et mis à part l'option de change, d'autres mesures ont été mises en place pour faire face à certaines dépenses urgentes et incontournables manifestées par certains opérateurs[30], il s'agit notamment de la mesure portant sur les tolérances en matière de justification du rapatriement du

[29] Au sens de la réglementation des changes, la convertibilité du dirham pour les opérations courantes consiste au libre accès aux devises directement auprès des banques pour effectuer les règlements relatifs aux opérations d'exportation, d'importation, de transport international, d'assurance et de réassurance, d'assistance technique étrangère, de tourisme ainsi que toute autre opération revêtant un caractère normal et courant.

[30] Ministère de l'économie et des finances, *Relations Maroc-Afrique, l'ambition d'une ''nouvelle frontière''*, 2015

produit d'exportation par la généralisation de l'avantage de réduction de prix sur l'ensemble des exportateurs et le relèvement du plafond de ces réductions de 3 % à 5 % du montant facturé.[31] À ce titre, en termes d'exportations, sur le plan de la réglementation des changes, l'opération d'exportation n'est soumise à aucune autorisation préalable. En effet, l'exportateur établit lui-même le titre d'exportation et le présente aux services douaniers pour l'expédition de la marchandise. La seule obligation qui incombe à l'exportateur dans ce sens reste le rapatriement du produit de son exportation dans un délai de 150 jours à compter de la date d'expédition de la marchandise. Cette durée peut être prorogée lorsque des impératifs de compétitivité ou des nécessités commerciales le justifient. Des délais allant jusqu'à un an, voire plus ont été autorisés par l'Office des Changes pour des exportations sur le Moyen-Orient et sur certains pays africains. Par ailleurs, les banques, les entreprises d'assurances et de réassurances, les organismes de retraites et les organismes de placements collectifs en valeurs mobilières (OPCVM) étaient autorisés à effectuer des placements en devises à l'étranger sous forme de dépôts bancaires, d'acquisition de titres de créances et/ou d'instruments financiers cotés ou négociés sur les marchés réglementés. Ces placements étaient limités dans leurs montants 5 % des actifs des sociétés d'assurance et de réassurance, 5 % de réserves des organismes de retraite, 10 % des actifs des OPCVM. Quant aux banques, ces placements doivent se faire dans la limite de leur position de change. Les exportateurs, eux, avaient bénéficié de mesures assez souples : non seulement l'accord de l'Office des changes pour l'ouverture de comptes en devises ou en dirhams convertibles a été supprimé, mais en plus ils sont autorisés à y déposer 50 % des recettes de leurs exportations au lieu de 20 % précédemment. En outre, les exportateurs et les banques sont habilités à accorder des crédits fournisseurs ou acheteurs à leurs clients étrangers pouvant couvrir jusqu'à 85 % de la valeur des exportations de biens ou de travaux et prestations de services à réaliser à l'étranger. La réglementation des changes permet, d'autre part, à l'exportateur de commercialiser ses produits en

---

[31] Source : Office des changes

dehors du cadre classique offert par le contrat de vente fermé, en recourant à la vente en consignation qui consiste à confier à un représentant à l'étranger des marchandises en vue de leur commercialisation moyennant une commission.

Parallèlement aux simplifications citées, la réglementation des changes en vigueur permet aux exportateurs de contracter librement des emprunts extérieurs pour le financement ou le préfinancement de leurs opérations d'exportation, en d'autres termes, l'accès au financement extérieur a été libéralisé dans la mesure où les exportateurs peuvent également procéder par l'intermédiaire d'une banque marocaine à la mobilisation de créances détenues sur des clients étrangers. Cette mobilisation qui consiste en une cession de créances avant leur échéance, offre à l'exportateur la possibilité de régler directement à l'étranger les importations de produits et matières premières devant être utilisés pour la l'industrialisation de produits destinés à l'exportation, ajoutant à cela la possibilité d'effectuer un rapatriement anticipé de devises pour faire face à des besoins de trésorerie. Enfin, l'opérateur national œuvrant à l'international pourra recourir au factoring[32] en cédant à un organisme les créances qu'il détient sur sa clientèle étrangère. En dernière place arrive la mise à disposition des entreprises marocaines d'un système de crédit à l'exportation permettant à l'exportateur ou à sa banque d'accorder des crédits aux clients étrangers. Conséquemment, la réglementation de change, au Maroc, est de plus en plus simplifiée, codifiée et même libéralisée pour nombre d'opérations courantes. Même le compte de capital et d'opérations financières a été l'objet de mesures d'assouplissement voire de libéralisation. Ainsi, portant sur le régime général des règlements entre le Maroc et l'étranger, l'Office des changes est venue soulager les intermédiaires agréés[33] et les exportateurs, en mettant à leur disposition un document unique où se trouve désormais regroupée toute la

---

[32] L'affacturage (factoring en anglais) est une technique de financement et de recouvrement de créances mise en œuvre par les entreprises et consistant à obtenir un financement anticipé et à sous-traiter cette gestion à un établissement de crédit spécialisé : l'affactureur ou, en anglais, factor.

[33] Fait référence aux Banques.

réglementation régissant cette matière et qui était jusque-là éparpillée dans plusieurs textes réglementaires. Outre ce travail de simplification, ce texte a également introduit des mesures d'allégement qui permettent aux opérateurs de se passer de dérogations qu'ils étaient obligés, jusque-là, de demander à l'Office des changes.[34]

La réglementation des investissements marocains à destination de l'Afrique n'avait pas pour seul but d'assouplir les dispositions réglementaires au profit des opérateurs marocains désirant internationaliser leurs activités notamment envers les marchés africains, mais avait aussi un œil sur la question de recevabilité des investissements marocains par les pays africains les moins avancés et surtout les plus endettés à travers la formulation d'une politique bien étudiée dans ce sens. Nous reprenons ici par conséquent la politique marocaine relative à l'annulation des dettes des Pays africains les moins avancés (PMA) qui a commencé à travers l'annonce officielle du roi Mohamed VI lors de son élocution officielle à la conférence du Caire du sommet Europe-Afrique en 2000 et où le royaume a procédé à l'annulation de la dette des pays africains les moins avancés, tout en exonérant totalement leurs produits des droits de douane à l'entrée du marché marocain dans le cadre de l'initiative

[34] Source : Office des changes - Circulaire n° 1 728 (Instruction N°3 relative au régime des exportations de biens et services) Cette circulaire porte sur deux matières : le régime des règlements entre le Maroc et l'étranger, d'une part, et les modalités d'ouverture et de fonctionnement des comptes en devises, des comptes étrangers en dirhams convertibles et des comptes dits spéciaux ouverts au nom de personnes étrangères, de l'autre. Le second volet accorde aux banques d'ouvrir, «sans autorisation de l'Office des changes», des comptes en devises et des comptes en dirhams convertibles au nom de personnes physiques étrangères, qu'elles soient résidentes ou non.
Enfin, cette circulaire permet aux banques d'ouvrir «librement» dans leurs livres des comptes spéciaux en dirhams au nom de personnes physiques ou morales étrangères non-résidentes pour les besoins de leurs activités temporaires au Maroc, au nom des représentations diplomatiques accréditées au Maroc et de leur personnel étranger, au nom des organisations internationales et de leur personnel étranger, et au nom des sociétés installées dans les zones franches et places financières offshore situées au Maroc.

pays pauvres très endettés (PPTE)[35] Le contexte de cette annulation de Dettes revient aux années 70 et plus précisément à partir de 1975 qui a connu progressivement la baisse de l'aide publique au développement (APD)[36] au détriment des engagements pris par la communauté internationale étant donné que l'Afrique subsaharienne démontrait un niveau d'attractivité très médiocre en terme d'accueil d'IDE.[37] À cet effet, l'endettement extérieur de ces Pays moins avancés resta très préoccupant même si des initiatives formulées sous forme de mesures d'allégement partielles furent prises, dont l'annulation de créances au titre d'APD par un nombre important de pays donateurs outre des opérations ayant pour but la restructuration des dettes dirigées dans le cadre du club de Paris[38], constat hypothéquant toute mesure prise pour améliorer la situation d'un grand nombre de PPTE[39]. C'est alors justement dans ce contexte qu'une nouvelle conscience collective verra le jour en

---

[35] L'initiative des Pays pauvres très endettés (IPPTE) a été conjointement lancée en 1996 par le fonds monétaire international (FMI) et la Banque mondiale (BM). Le but de la mesure était d'éviter qu'un pays pauvre ne soit confronté à une charge d'endettement qu'il ne peut gérer. Au 31 mars 2014, les montages de réduction de la dette au titre de l'IPPTE ont été approuvés au profit de 36 pays dont 30 États africains pour un allégement de dette avoisinant les 76 milliards USD d'après le FMI et la BM.

[36] Aide publique au développement (APD): Elle correspond à l'ensemble des moyens financiers mis à la disposition des Etats du Sud par les pays développés, les institutions financières internationales et les organismes privés (ONG). Elle peut prendre trois formes : ·les prêts concessionnels, c'est-à-dire des prêts consentis à des taux inférieurs à ceux du marché. Seul est recensé dans l'APD le montant de la remise par rapport aux conditions du marché ; ·les dons, qui représentent les capitaux non remboursables octroyés par des Etats ou des organismes officiels des pays industrialisés. Il est à noter que les remises de dette sont assimilées à des dons ; l'assistance technique, qui est l'aide en nature délivrée aux PED. Cette assistance est très souvent liée à l'octroi d'un financement concessionnel ou non. La Banque mondiale fournit la plus grande part de l'assistance technique multilatérale, notamment au travers du programme des Nations unies pour le développement (PNUD) chargé de coordonner l'assistance dans les pays en développement.

[37] Eric BERR, *La dette des pays en développement: Bilan et perspectives*, Revue africaine des sciences économiques et de gestion, 2003

[38] Le Club de Paris est un groupe informel de créanciers publics constitué de 19 pays développés en tant que membres permanents qui a pour but de trouver des solutions coordonnées et durables aux difficultés de paiement des nations endettées.

[39] OMC, Communiqué de presse, Press/137, *Le paiement des dettes des pays pauvres se fait au détriment de l'éducation et de la santé*, journal Al Alam, 2001, p. 6

convergeant vers la prise de nouvelles initiatives pour réduire ou annuler la dette des PMA.[40] Par conséquent, l'initiative marocaine a parfaitement rejoint ce contexte tout en fructifiant sa mesure dans ce sens, dans la mesure où elle a répondu présente aux initiatives de la communauté internationale visant de mettre un terme à la situation d'endettement des PPTE tout en alimentant sa stratégie africaine visant à le placer en tant que leader continental en puissante montée pour défendre ses intérêts politiques et économiques. Outres les mesures d'aides urgentes, le royaume accorde annuellement aux PMA environ 300 millions USD au titre de l'aide publique au développement, somme qui représentait approximativement 10 % de ses échanges avec l'Afrique subsaharienne en 2015. Avant de conclure, il est aussi à noter que le Maroc accorde à 33 Pays africains qualifiés en tant que Pays les moins avancés une exonération totale des Droits de douane pour une liste limitée de biens comprenant certains produits agricoles et de la pêche outre quelques produits semi-finis. Grosso modo, la mesure d'annulation des Dettes pour les PPTE reste un des éléments factoriels qui permettront de booster la croissance économique notamment des PMA.

Pour résumer, trois politiques globales ont été mises en place dans cette stratégie. Primo, la réglementation des investissements marocains à destination de l'Afrique à travers la libéralisation de la réglementation de change et l'assouplissement de la réglementation de l'investissement pour les opérateurs nationaux désirant se lancer dans l'aventure du Business africain en addition à la politique marocaine envers les pays pauvres très endettés (PPTE).

Secundo, le royaume a su adapter son dispositif institutionnel pour être plus efficace et efficient dans son rôle de pivot de la politique africaine sur le plan opérationnel à travers la mise en place de tout un ministère délégué chargé spécialement des Affaires africaines outre la création de l'Agence marocaine de développement des investissements et des exportations (AMDIE) après la fusion de 3 anciennes institutions qui avaient

[40] Centre d'études internationales, *Une décennie de réformes au Maroc (1999-2009)*, 2010, p. 360

des missions trop fragmentées même si elles ciblaient globalement le même marché.

De même, sur le même volet institutionnel, l'agence marocaine de la coopération internationale (AMCI) participe grandement dans le rayonnement du Maroc en Afrique à travers son rôle quadripolaire et multidimensionnel dans ce sens. Trio, les accords conclus par le Maroc en Afrique dépassent largement les 1000 Conventions dont plus des deux tiers ont été signés à partir de l'an 2000, ce qui fait du royaume le pays le plus actif en Afrique selon ces termes. De facto, les initiatives marocaines en termes d'accords sont diversifiées concernant à la fois des relations bilatérales, trilatérales et régionales, à tel point qu'après son statut avancé parachevé avec l'UE, son alliance stratégique avec le conseil de coopération du golfe (CCG), son retour triomphal à l'UA, le royaume vise encore à intégrer sui generis41 en tant que membre à part entière, une communauté de poids à l'échelle continentale et mondiale, en l'occurrence, la Communauté économique des États d'Afrique de l'Ouest (CEDEAO), désir qui semble acquis d'avance à l'image des liens très forts que le royaume entretient avec les pays de l'ouest africain tous azimuts, et ce depuis des siècles. Grosso modo, le Maroc donne toute sa consistance à son approche basée sur la coopération Sud-Sud comme clé de voûte du décollage économique en Afrique.

Section 2 : L'instrumentalisation des IDE en faveur de l'intégration régionale du Maroc en Afrique

La demande d'adhésion du Maroc en tant qu'État membre à part entière, formulée en février 2017 à la communauté économique régionale (CER) la plus intégrée en Afrique, en l'occurrence, la CEDEAO, a été accueillie favorablement[42] quatre mois plus tard par

[41] Fait référence à une Adhésion spéciale et unique.

[42] Le communiqué final du 52e sommet ordinaire de la CEDEAO, publié le 17 décembre 2017 à l'issue du sommet d'Abuja, prévoit la mise en place d'un comité de chefs d'État et de gouvernement composé du Togo, de la Côte d'Ivoire, du Ghana, de la Guinée et du Nigéria pour mettre en place un cadre juridique, et notamment pour déterminer, si la décision de l'adhésion du Maroc doit être prise à l'unanimité, par consensus, ou à la majorité des deux tiers des États membres, conformément à l'alinéa

ladite entité après lui avoir accordé l'accord de principe en vue d'une future intégration malgré quelques reproches indécises quant à l'intérêt économique voire même politique d'une telle intégration pour la région, vu le déséquilibre économique et structurel entre le royaume et les États membres de cette communauté. Le Maroc explique cette demande d'adhésion par son prolongement naturel dans le processus de réintégration de l'UA qu'il avait rejointe en janvier de la même année, et sa volonté de coopérer multilatéralement dans cette région d'Afrique. Enfin, l'impact de l'adhésion du Maroc à la CEDEAO peut être interprété très positivement du fait des avantages et des potentialités qu'il recèle. Conséquence des faits, en tant que premier investisseur en Afrique de l'Ouest, le Maroc bénéficiera d'un cadre réglementaire favorable en tant qu'État membre d'une part avant de bénéficier de l'élimination des obstacles à l'exportation massive des produits marocains à destination de cet espace d'autre part. Ceci est sans pour autant citer les effets accélérateurs d'une telle adhésion sur le méga projet du royaume dans la région, articulé dans la concrétisation du gazoduc[43] ralliant le Maroc depuis le Nigeria et longeant différents pays membres de cette communauté. Face à l'ampleur économique de cette future intégration, nous estimons que ce dossier est incontestablement à l'avant de la diplomatie économique du royaume, sachant que l'intégration régionale d'un pays au sein d'une communauté économique régionale lui permet vraisemblablement de tirer naturellement l'appui et l'alliance politique des pays membres au sein de la même communauté. À ce sujet, par souci de clarté, rappelons que l'union du Maghreb arabe (UMA), en hibernation, en tant que grand projet unioniste ayant toujours suscité un grand espoir et un enthousiasme grandement partagé chez les populations maghrébines, ne fait plus partie des perspectives d'intégration du royaume sur le continent, et ce malgré

---

2 de l'article 9 du Traité révisé de la CEDEAO. De même cette décision intervient dans le but *d'adopter les Termes de Références et superviser l'étude approfondie des implications de cette adhésion* afin d'acter la demande marocaine après l'accord politique de principe formulé par le 51e sommet de la CEDEAO en juin 2017, et la réalisation d'une étude d'impact par la Commission de l'organisation.

[43] Le Gazoduc Nigéria-Maroc est un Projet titanesque qui coûtera environ 20 Milliards de Dollars. Il vise à accélérer les projets d'électrification dans la région de l'Afrique de l'ouest tout en alimentant l'Europe.

l'énorme potentiel que cela aurait pu avoir sur les économies des pays concernés, principalement en raison du blocage injustifié mené par l'Algérie à cause du différend sur le dossier du Sahara marocain.[44] En effet, le voisin de l'Est s'obstine à refuser toute

[44] Le conflit autour du Sahara commença tout juste après la reconnaissance de la Cour Internationale de Justice (CIJ) des droits historiques du Maroc au Sahara, et après avoir été soutenu par les pays arabes et africains outre l'organisation de l'unité africaine (OUA), feu le Roi Hassan II avait annoncé le 6 novembre 1975, l'organisation d'une marche verte vers le Sahara avec la participation de 350 mille personnes. Cet événement qui a marqué l'histoire du XXème siècle, a contraint l'Espagne d'accepter de mener des négociations avec le Maroc au sujet du Sahara. Au moment où le Roi Hassan II se préparait pour le lancement de la marche verte, l'Algérie avait annoncé le 21 octobre 1975, qu'elle s'opposait à l'organisation de cette marche pacifique et mobilisé à cet effet sa diplomatie dans les grandes capitales mondiales afin de contrecarrer le parachèvement de l'intégrité territoriale du Maroc. Face à cette position étrange de l'Algérie, et dans un souci d'accentuer la pression sur le Maroc, le régime algérien est allé plus loin en expulsant 350 mille marocains de l'Algérie, dans ce que l'ex-président algérien Houari Boumédien appelait la « marche noire ». Les négociations entre le Maroc et l'Espagne s'étaient soldées par le départ des troupes espagnoles du Sahara marocain en février 1976. A cette époque, le voisin de l'Est a affiché ses ambitions en tentant d'occuper des régions au Sahara juste après le départ des forces espagnoles. A l'approche de la date de l'évacuation des troupes espagnoles du Sahara marocain, des officiers et soldats de l'armée algérienne s'infiltraient le 27 janvier 1976 au village d'Amgala, situé près de la ville de Smara et de la frontière avec la Mauritanie. Le contingent algérien est entré en guerre avec un bataillon des Forces armées royales. Le 29 janvier, l'armée algérienne avait été contrainte de se retirer de la région d'Amgala, en laissant 100 morts et 200 prisonniers entre les mains des FAR. Ils ont été relâchés par la suite. Dans une tentative désespérée de justifier la présence d'éléments de son armée sur le territoire marocain, l'Algérie avait véhiculé via ses médias qu'il s'agissait d'un convoi de camions transportant de la nourriture et des médicaments et non d'un groupe armé. Deux semaines après la guerre d'Amgala, feu le Roi Hassan II adressa un message au président algérien, Houari Boumediene dans lequel il dit: « Je vous adjure d'éviter au Maroc et à l'Algérie un autre drame. Je vous demande aussi de faire en sorte , soit par une guerre loyalement et ouvertement déclarée, soit par une paix internationale garantie, que dorénavant, on ne dise plus chez moi, dans mon pays, parmi mon peuple, Algérie=Inconstance ». Comme tentative infructueuse occupation Omgalh, n'a pas abandonné voisin de l'Est d'essayer d'étendre sa main sur le Sahara marocain, mais elle a essayé de faire précéder nouveau les événements.. La veille du départ des forces d'occupation espagnoles du Sahara le 28 février 1976, l'Algérie proclama la «République arabe sahraouie démocratique". La réponse officielle du Maroc a été le message adressé par feu le Roi Hassan II, aux FAR, « et sans cacher la gravité de la situation, et sans dramatiser la situation. Nous sommes déterminés à défendre par tous les moyens l'unité du Royaume et à assurer la sécurité et la quiétude pour notre peuple », ce qui signifie que l'Algérie est déterminée à combattre contre le Maroc. Bien que l'Algérie dispose d'un vaste territoire, ses

dirigeants aient tenté dur pour scléroser l'avenir des pays voisins et vu que le Maroc, fort de son leg historique et jouit d'une position géographique privilégiée, est le mieux placé pour former une union entre les pays de l'Afrique du Nord et rivaliser avec l'Algérie le leadership de la région. Cet état de fait a poussé les dirigeants algériens à contrecarrer le Maroc dans le parachèvement de son unité territoriale.

Il est évident que le voisin de l'est aspire à avoir une issue sur la mer et précisément un port sur l'océan Atlantique pour commercialiser le fer de Jbilet. Ceci ne pourrait se concrétiser si la région du Sahara est sous l'autorité d'un « Etat » créé par lui-même. Les intentions de l'Algérie s'étaient affichées depuis la première attaque sur le Maroc à Hassi Bida et Hassi Tanjoub en 1963, alors que l'Algérie venait d'accéder à l'indépendance. Certes, l'Algérie a continué sa guerre contre le Maroc jusqu'à ce qu'elle ait créé le Front Polisario en l'abritant sur son sol à Tindouf, et en cherchant par tous les moyens la reconnaissance de l'Etat fantoche par certains pays corrompus comme les pays pauvres africains. Cela confirme concrètement que les succès diplomatiques réalisés par le front en termes de reconnaissance par certains pays, et de gagner la sympathie d'autres, lui a permis de réaliser des acquis que plusieurs autres mouvements de libération n'ont pas réussi et ce grâce à l'Algérie qui déploie tous ses moyens et mécanismes. La mobilisation de l'Algérie ne s'est pas arrêtée là mais est même allée à promouvoir l'idée de négociations au niveau des Nations Unies et des foras internationaux, en ce sens le régime algérien s'est servi de sa présence dans les rencontres, colloques et congrès internationaux pour appeler à des négociations directes entre le Maroc et le Polisario, ce qui signifie une reconnaissance implicite de ce mouvement.

Cette politique a eu un rôle majeur dans l'adoption du plan de l'ONU pour un référendum au Sahara en 1988. Le Maroc avait accepté de s'asseoir avec le mouvement Polisario autour de la table de négociations, à condition que celles-ci soient supervisées par un représentant spécial du Secrétaire général de l'ONU. Faut-il rappeler que cette étape a été précédée par de nombreux incidents provocateurs fomentés par l'Algérie, dont la bataille de Tan Tan les 28 et 29 janvier 1979, la bataille de Smara le 14 mars 1979, la bataille de Bir Inzaren le 11 août 1 979, la bataille de Mssid le 13 septembre 1979, la bataille de Boukraa et de Laâyoune le 28 janvier 1980, la bataille de Boujdour le 13 février 1980 et la bataille d'Akhnifis le 26 septembre 1980. La région s'est enlisée dans une situation d'instabilité en dépit d'un cessez-le feu entre les deux parties. Mais, la situation allait s'apaiser lorsque le Secrétaire général de l'ONU ait élaboré un plan de paix qui a été présenté aux parties le 11 août 1 988 avant qu'il ne soit approuvé par la résolution onusienne n ° 629 datée du 23 septembre 1988. Les deux parties au conflit ont également exprimé leur volonté de mettre en œuvre ce plan. Mais, la mise en application de ce plan bute sur de nombreux problèmes dont: La question des négociations directes, les critères d'identification des participants au référendum, la question de la désignation des chioukhs des tribus de chaque côté dans la commission d'identification. Le processus d'identification avait débuté en juillet 1994 avait qu'il ne soit suspendu à partir de janvier 1996 en raison du refus du Front Polisario des listes présentées par le Maroc, ce qui entrainait le retrait d'une partie de la MINURSO. Mais, les pourparlers menés sous la supervision du Représentant spécial des Nations Unies, James Baker se sont soldés par l'adoption d'une déclaration qui a défini les engagements des deux parties en ce qui concerne le plan de paix de normalisation des relations bilatérales avec le Maroc, entravant par conséquent la libre circulation des biens et des personnes, ce qui va à l'encontre des règles élémentaires de bon voisinage, empêchant ainsi explicitement la construction d'un ensemble économique régional. Conséquence des faits, l'intégration maghrébine tant rêvée demeura lettre morte laissant de passage les aspirations des peuples voisins vaines. Ainsi, la CEDEAO, considérée comme une des CER les plus dynamiques du continent regroupant 15 États membres, représentant la 20e économie mondiale avec un PIB global d'environ 700 milliards de dollars outre une population de presque 350 millions de personnes, constitue de manière relativement explicite pour le royaume, en dépit de la particularité de la complexité de son processus,[45] une opportunité inégalée d'étendre son hégémonie en Afrique et notamment en Afrique de l'Ouest, région dans laquelle, au-delà du caractère séculaire de ses relations multidimensionnelles avec les pays qui la composent, il fait figure de premier investisseur africain, dans une dimension contemporaine. Entretemps, il est important de souligner que cette demande d'adhésion intervient juste un mois après le retour du royaume au sein de l'UA, démontrant par là que les instances diplomatiques marocaines ont méticuleusement préparé les coulisses de leur fructueuse offensive à travers leur activisme économique vis-à-vis de l'intégralité des pays membres de la CEDEAO durant plus d'une décennie. Dans le sillage de la préparation de la demande d'adhésion du Maroc à la CEDEAO,

---

1988 outre l'obligation de se conformer à la charte relative à la campagne référendaire mise en place à Houston. C'est ainsi que l'opération d'identification se poursuivait en date du 3 décembre 1997 après que le Front Polisario eut accepté les conditions régissant le référendum qui était prévu pour le 7 décembre 1998, date fixée par le Secrétaire général des Nations Unies, après l'avoir été reportée cinq fois de suite. Face aux difficultés qui planaient sur le plan de règlement des Nations Unies, l'ONU avait adopté la résolution 1309 en date du 25 juillet 2000 et qui souligne l'importance de recourir à une solution politique. L'ONU a été enfin convaincue de l'échec et de l'impossibilité d'organiser le référendum, qui est basé sur l'identification du corps électoral. En 2007 et après que la situation se trouvait dans l'impasse, le Maroc a présenté un projet d'autonomie qui s'impose comme solution juste et réaliste de la question du Sahara marocain.

[45] Touré OMOROU, *L'adhésion du royaume du Maroc à la communauté économique des États de l'Afrique de l'ouest - CEDEAO*, Institut de l'Afrique de l'ouest, 2017

ses investissements et ses multiples accords commerciaux outre ses relations discrètes avec une panoplie de décideurs, militaires de premier plan et acteurs politiques d'envergure des pays de la région ont boosté implicitement la bienvenue de cette requête. Pour rappel, le Maroc accueille gracieusement des personnalités des pays de l'Afrique de l'ouest dans ses meilleures structures médicales et débloque souvent des situations politiques très complexes à l'instar de l'évacuation médicale d'urgence en 2009 du fantasque chef de la junte de Guinée Moussa Dadis Camara[46] après sa grave blessure par balle et qui s'est transformé en un exil salutaire au Burkina Faso. On synthétise par-là que de nombreuses raisons solides par leur aspect à la fois pluridimensionnel et historique plaident en faveur d'une bienveillance particulière des 15 pays membres de la CEDEAO à l'égard de la demande marocaine faisant du royaume le plus grand partenaire économique de ce groupement, traduisant ainsi sa demande comme un prolongement naturel de son histoire africaine en général et ouest-africaine en particulier.

Cependant, notre analyse s'évertuera à démontrer qu'il est très important de constater que le royaume n'avait jamais eu besoin d'être membre de la CEDEAO pour établir sa présence économique impressionnante en Afrique de l'Ouest sachant qu'elle est appuyée par des centaines d'accords commerciaux et de promotion de l'investissement. En effet, le Maroc, étant géographiquement ancré dans l'Afrique de l'Ouest, ajoutant à cela ses inlassables efforts pour préserver ses racines africaines marque sa requête d'adhésion par une légitimité absolue.[47] En réalité, l'adhésion du Maroc, au-delà d'être une suite logique de sa réintégration de l'UA afin de fortifier sa stratégie africaine, tout en étant une alternative au statu quo que connait l'UMA pour palier le retard d'une intégration régionale, est considérée comme

---

[46] Moussa DADIS CAMARA est un officier militaire guinéen. Junte militaire au pouvoir après la mort de Lansana CONTÉ, il s'autoproclame président de la République de Guinée en décembre 2008 et demeura à ce poste présidentiel jusqu'à janvier 2010.

[47] Hassan AOURACH, *Le Maroc à la CEDEAO : Une intégration logique, légitime et porteuse d'apports considérables pour les deux parties*, Maroc diplomatique & MAP, 2017

un coup de maître de la diplomatie économique marocaine pour instaurer son hégémonie régionale et renforcer ses acquis dans la quête d'un codéveloppement africain. Pratiquement parlant, les retombées de cette intégration seront beaucoup plus avantageuses au royaume plus qu'elles ne seront pour les autres pays membres compte tenu des différences évidentes de structuration, de diversification et de modernisation de l'économie marocaine. Il est à signaler que la CEDEAO regroupe 15 pays avec pour unique puissance régionale notable le Nigéria, constat qui favorisera le poids du royaume dans la communauté sachant qu'il dépasse de loin économiquement tous les pays membres à l'exception du Nigéria.

Par conséquent, la demande d'adhésion du Maroc est loin de faire l'unanimité étant donné que certaines voix faisant l'ombre des principaux détracteurs de la politique africaine du royaume se sont élevées pour critiquer ardemment l'accord de principe obtenu par le royaume lors du 51e sommet de la CEDEAO.[48] Idem, certains opérateurs ouest-africains ont dénoncé avec véhémence la future adhésion du Maroc à ce marché commun par peur de concurrence et de pénétration massive des produits marocains dans les marchés ouest-africains, partant du constat qu'une telle adhésion ouvrira la voir à une entrée massive des produits européens du fait du partenariat liant le royaume à l'UE.[49] Néanmoins, dans le cadre de la mesure de l'impact biunivoque réel derrière cette adhésion, une étude[50] de la CEDEAO montre clairement que les bénéfices seront mutuels d'un côté comme de l'autre dans une approche Win Win, ainsi, l'adhésion du Maroc faciliterait le flux des investissements entre le pays et les États membres actuels, mais participerait aussi dans l'accroissement de l'attractivité du regroupement en matière d'investissements auxquels il faut ajouter l'expertise et l'expérience accumulées par l'État chérifien dans différents secteurs, mais surtout ses relations privilégiées avec différents partenaires internationaux comme l'illustrent ses liens avec les pays arabes et ceux du golfe outre son statut avancé avec l'UE. Ainsi, il est évident

---

[48] Haby NIAKATÉ, *Le Maroc à la CEDEAO, une adhésion loin de faire l'unanimité*, le monde, 2017

[49] Gilles OLAKOUNLÉ YABI, *Maroc et CEDEAO : Oui à un partenariat stratégique privilégié*, Jeune Afrique, 2017

[50] CEDEAO, *Étude de la CEDEAO sur les implications de l'adhésion du Maroc*, 2017

que le royaume est un investisseur non négligeable au sein de la CEDEAO. Pour la seule année 2015, le flux total des investissements directs étrangers marocains dans la communauté s'élevait à 153 millions de dollars. De 2010 à 2014, les stocks d'IDE marocains ont pratiquement doublé, passant de 492 millions de dollars à 976 millions de dollars. Les preuves anecdotiques suggèrent que les investissements marocains dans la communauté couvrent plusieurs secteurs, fortement dominés par celui des services. Une partie des investissements très diversifiés et hautement significatifs a été effectuée dans la finance et les télécommunications, avec notamment trois banques marocaines présentes dans au moins sept pays de la CEDEAO, et Maroc Telecom qui possède actuellement des filiales dans six pays de cette organisation sous régionale (au Mali, au Niger, en Côte d'Ivoire, au Burkina Faso, au Bénin et au Togo), les entreprises chérifiennes opèrent également dans le secteur des services publics et celui de la construction. Par ailleurs, nous pourrons fragmenter l'impact de l'entrée du Maroc dans la CEDEAO selon trois dimensions à commencer par l'intérêt politique pluriel qui engendrerait à la fois des défis et des opportunités pour les Etats actuellement membres de ladite organisation. De prime abord, dans les espaces géopolitiques ouest-africains, le leadership continental du roi du Maroc fait du royaume un des Etats les plus influents sur le plan diplomatique et politique à la fois sur le plan régional et mondial. Le poids politique de cette diplomatie d'influence lui a valu entre autres l'accueil de la COP22, considéré parmi les sommets les plus importants pour le développement en ce XXIe siècle. Ensuite, le positionnement stratégique du Maroc à la croisée des chemins entre l'Europe et l'Afrique lui a valu d'être la figure de proue de l'Union pour la Méditerranée.[51] Rappelons aussi que la question sensible du Sahara marocain sera concernée de manière explicite surtout avec la façon dont la CEDEAO pourrait y contribuer politiquement parlant.

[51] L'Union pour la méditerranée a été fondée le 13 juillet 2008 et rassemble de nos jours 43 pays d'Europe et du bassin méditerranéen dont 28 États membres de l'union européenne et 15 pays méditerranéens d'Afrique du Nord, du Moyen-Orient et d'Europe du Sud-Est. L'organisation intergouvernementale vise à renforcer le partenariat euro-méditerranéen (Euromed) mis en place sous le processus de Barcelone en 1995.

Sur le plan économique, le Maroc aura beaucoup d'intérêt dans l'écoulement massif de ses produits locaux dans les marchés africains généralement avides de produits étrangers avec un bon rapport qualité-prix, de même, l'adhésion du royaume serait bénéfique pour l'organisation surtout dans les secteurs de l'agriculture et de l'industrie dans lesquels le Maroc a une grande expertise. Ainsi, plusieurs produits constitueront un levier de développement de la part du marché marocain au sein de la CEDEAO comme les engrais, les articles d'habillement, les produits agroalimentaires, les équipements de distribution d'électricité au même titre que les véhicules automobiles. De même, le royaume sera un marché porteur pour plusieurs produits de la CEDEAO en particulier les produits énergétiques comme le pétrole et le gaz, les produits alimentaires (café, cacao, graines et fruits oléagineux…), le coton, le bois, les cuirs et les minéraux.[52] En addition à ce qui précède, l'intégration du Maroc à la CEDAO entrainera automatiquement une meilleure intégration des tissus industriels de l'Afrique de l'Ouest et de l'Europe, grâce aux investissements directs étrangers et des délocalisations industrielles. Idem, les mêmes mouvements d'investissement pourront être observés en provenance des pays du Golfe persique. Ces apports substantiels du Maroc permettraient aux écosystèmes industriels ouest-africains de mettre en place des effets de synergies entre le nouvel entrant et les pays avec lesquels les liens économiques sont de plus en plus étroits. Dans le même sens d'idée, le Maroc a signé avec huit pays de la CEDEAO neuf accords bilatéraux d'investissement, dont trois sont actuellement en vigueur. Ces accords sont différents de par leur substance, et l'accès du Maroc au statut de membre à part entière de la CEDEAO pourrait donner lieu à un accroissement non négligeable de l'investissement au sein de ce bloc régional. Schématiquement parlant, le Maroc contribuera de façon mutuelle, directe et indirecte à l'élargissement de son propre marché et du marché de la CEDEAO parallèlement à ses bases industrielles dans une dynamique de co-émergence qui sera conclue par la création d'une cercle vertueux de croissance réciproque pour enfin aboutir à un partenariat équitablement gagnant-gagnant.

---

[52] Ministère de l'économie et des finances, *Échanges commerciaux Maroc-CEDEAO : Opportunités par pays et par produit*, 2018

Finalement, sur le plan sécuritaire, dans un contexte mondial menacé par le risque djihadiste qui plane aussi sur la région et qui compromet la stabilité de tout le continent, l'apport du Maroc sera conséquent surtout que la menace du mouvement djihadiste Boko Haram est omni présente au Nigéria, l'un des pays les plus en vue dans la CEDEAO, ajoutant à cela d'autres formes plus insidieuses de menaces et d'insécurités comme la circulation et le trafic d'armes et d'êtres humains, la contrebande et le trafic de drogues, les migrations, l'insécurité alimentaire et autres...[53] Confrontée à ce nombre conséquent de menaces, la CEDEAO comptera notablement sur l'expérience marocaine sur le plan militaire surtout puisqu'il reste une référence en Afrique et dans le monde. Le Maroc apportera un surplus de professionnalisme en renforçant les capacités de maintien de la paix et de la sécurité dans la région notamment en contribuant à la formation des troupes déployées sur les théâtres d'opérations. Quant à l'insécurité alimentaire, le Royaume qui est resté à l'avant-garde de l'Agriculture et de l'économie verte à l'échelle mondiale permettra assurément à la région de résorber une grande partie de son déficit alimentaire.[54] Pour conclure, à côté du fait que l'entrée du Maroc au sein de la CEDEAO engendrera tout à la fois des gisements d'opportunités et des défis pour les Pays actuellement membres de l'organisation[55], il est vertueux d'interpréter l'engouement marocain vis-à-vis de son adhésion à cette communauté régionale comme une politique étrangère s'inscrivant dans une diplomatie économique portée par une stratégie africaine longue-termiste très bien ficelée et jalonnée dans le temps afin de bénéficier dans un avenir proche des apports économiques d'une zone de libre-échange continentale (ZLEC)

[53] *Ibid.*

[54] Ndioro NDIAYE, *Quel est l'impact de l'adhésion du Maroc à la Communauté économique des États de l'Afrique de l'Ouest (CEDEAO) sur le plan de la migration et comment réajuster la politique migratoire marocaine en vigueur ?*, Institut royal des études stratégiques - IRES, Actes de la rencontre internationale La question migratoire e Afrique : Enjeux, Défis et Stratégies de réponse, pp. 159-169

[55] CEDEAO, *Ibid.*

africaine[56] [57] [58] dans le but de capitaliser les acquis antérieurs en les consolidant davantage. En guise de synthèse, nous pouvons mettre en avant trois caractéristiques principales de la géoéconomie marocaine en Afrique, en premier lieu réside sa localisation géographique avantageuse, ensuite son capital historique en Afrique subsaharienne et enfin sa vocation africaine contemporaine marquée par son leadership intracontinental en termes d'investissements directs étrangers, son retour à l'UA et l'accord de principe pour son adhésion à la CEDEAO.

Section 3 : L'investissement en tant que composant du soft-power marocain en Afrique

Le déploiement des investissements marocains en Afrique a été qualifié à la fois par les observateurs, les partisans et les détracteurs d'une offensive avec des intentions purement politiques avant d'être économiques. Nous allons vérifier cette qualification à travers l'enjeu de la défense de l'intégrité territoriale du royaume et notamment le litige frontalier concernant le Sahara marocain en dupliquant la répartition des secteurs d'activités dans lesquels le royaume investit sur le continent en fonction de la reconnaissance des pays d'accueil envers la pseudo RASD à travers la carte qui suit, pour dégager à partir de ces considérations une éventuelle association neutre, négative ou positive.

Pour cela, si on reprend analytiquement le [Tableau 1], on constatera vite l'absence de stratégie ayant pour but la

[56] Union africaine, banque africaine de développement et la commission économique pour l'Afrique, *État de l'intégration régionale en Afrique 5, vers une zone de libre-échange continentale africaine*, 2012

[57] Union africaine, banque africaine de développement et la commission économique pour l'Afrique, État de l'intégration régionale en Afrique 8, vers la réalisation de la zone de libre-échange continentale, 2017

[58] La zone de libre-échange continentale (ZLEC), est un projet de zone de libre-échange en cours de création sur la grande partie de l'Afrique. Elle doit regrouper la zone tripartite de libre-échange, qui doit inclure le marché commun de l'Afrique orientale et australe (COMESA), la communauté d'Afrique de l'Est (CAE) et la communauté de développement d'Afrique australe (SADC), avec d'autre part la communauté économique des États de l'Afrique centrale (CEEAC), la communauté économique des États de l'Afrique de l'Ouest (CEDEAO), l'union du Maghreb arabe (UMA) et la communauté des États sahélo-sahariens (CEN-SAD).

marginalisation économique des pays africains reconnaissant la pseudo RASD sachant que les investissements marocains sont implantés dans 11 des 15 pays reconnaissant l'État fictif, soit un taux de présence de 73,34 % et ce malgré une présence sectorielle timide à ce titre [voir figure 1], ce qui nous pousse à écarter toute hypothèse de démobilisation avérée à l'égard des détracteurs africains du royaume. Cependant, au-delà de ces considérations visiblement anodines, nous pourrons soulever trois caractéristiques partagées par la majorité des pays alliés du pays fictif [voir Tableau 2].

Ce faisant, il ressort de ces données certaines justifications qui argumentent l'absence ou la faiblesse éventuelle de la pénétration des IDE marocains dans quelques pays ennemis de l'intégrité territoriale marocaine, à commencer par la distance géographique, caractéristique partagée par 66,67 % des pays reconnaissant la pseudo RASD, en revanche, de nos jours, dans un monde notoirement globalisé, l'éloignement géographique n'est plus un motif justifiant le désintérêt économique.

Tableau 1 : Tableau synthétique de corrélation entre les pays reconnaissant la pseudo RASD et le nombre de secteurs d'activités dans lesquels le Maroc investit59

	Nombre de pays	Pays accueillant les ide marocains	% des pays accueillant les ide marocains	Nombre moyen de secteurs d'activités
Pays ne reconnaissant pas la pseudo RASD	38	25	66 %	4
Pays reconnaissant la pseudo RASD	15	11	73 %	2

[59] Schématisation de l'auteur.

À partir de ces données, on pourra dégager les conclusions suivantes :

- Le nombre moyen de secteurs d'activités dans lesquels le Maroc investit en Afrique est équivalent au double dans les pays qui ne reconnaissent pas la pseudo RASD, 4 contre 2 en moyenne pour les ennemis de la cause marocaine ;
- Le Maroc investit dans 66 % de la totalité des pays africains qui ne reconnaissent pas la pseudo RASD et dans 73 % de la totalité qui la reconnait. Cela montre que le royaume peut consacrer davantage d'efforts dans la mobilisation de ses investissements envers ses alliés politiques ;
- Il n'existe pas de relation de cause à effet automatique entre le taux de pénétration des IDE dans les pays d'accueil et leur reconnaissance de la pseudo RASD.

Ensuite, 73,34 % de ces pays ne sont pas francophones, ce constat est le plus partagé parmi ces pays, ce qui laisse planer un doute derrière la considération importante de cette constatation en tant que cause directe de réticence. Enfin, 53,34 % des pays concernés sont des puissances économiques concurrençant le Maroc sur l'échiquier continental, cet argument est par conséquent tout à fait logique si on prend en considération la concurrence que mènent les FMN marocaines qui entreprennent sur le continent et en particulier celles qui performent dans les secteurs très concurrencés comme les banques, les télécoms, l'immobilier et autres. Pour discerner tout cela, nous reprendrons le débat de la notion du relatif en affirmant que rien n'est absolu, tout est relatif.

En effet, s'agissant de la stratégie d'investissements marocains en Afrique, son socle est largement dépendant de plusieurs facteurs à la fois endogènes, et notamment la compétitivité internationale des FMN et leur connaissance des marchés africains, et exogènes de par le risque pays, les barrières à l'entrée et le retour sur investissement.

S'il faut trancher sur le cheminement stratégique emprunté par les IDE marocains en Afrique dans un cadre de ciblage, toutes les données montrent que le royaume a opté pour une stratégie absolue préconisant par-dessus tout le motif économique et rejetant toute différenciation d'ordre politique. Dans une approche globale, il est certain que toute incidence économique induit des décisions politiques défendant l'intérêt légitime de l'État. Ainsi, compte tenu des secteurs ciblés par les investissements marocains en Afrique, il est clair que l'impact économique sur les pays d'accueil est avantageux sans pour autant commenter son déséquilibre relatif.

Figure 1 : Carte de corrélation entre les pays reconnaissant la pseudo RASD et le nombre des secteurs d'activités dans lesquels le Maroc investit60

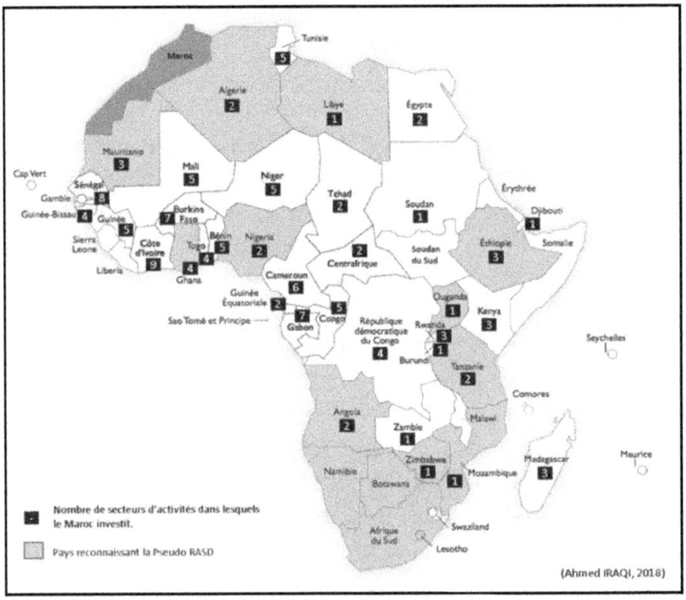

Toutefois, nous attestons qu'il est complexe de qualifier, d'évaluer et de généraliser l'incidence politique des IDE marocains en Afrique étant donné que chaque économie africaine est singulière de par ses faiblesses économiques et structurelles ainsi que par ses enjeux géopolitiques. Suivant une réflexion

[60] Schématisation de l'auteur.

analytique basée sur les éléments précités, les IDE marocains devraient alors naturellement se focaliser sur les pays africains présentant un avis contrasté vis-à-vis l'intégrité territoriale du royaume, or, la réalité est tout autre, puisque la ventilation des IDE marocains n'est caractérisée par aucune différenciation notable hormis une concentration sectorielle dans les pays de l'Afrique de l'Ouest et de l'Afrique centrale. Pour mieux positionner notre réflexion, nous reprendrons le succès diplomatique du Maroc lors de sa réintégration de l'union africaine en 2017 après avoir obtenu l'accord de 42 pays africains, dépassant ainsi largement le nombre de 28 accords favorables nécessaires à cet effet.

Tableau 2 : Caractères spécifiques partagés par les pays reconnaissant la pseudo RASD[61]

Caractéristique	Pays	% des Pays reconnaissant la pseudo RASD
Éloignement géographique	Afrique du Sud, Lesotho, Botswana, Namibie, Zimbabwe, Mozambique, Angola, Tanzanie, Ouganda, Éthiopie	66,67 %
Pays anglophone ou lusophone	Nigéria, Ghana, Angola, Namibie, Botswana, Afrique du Sud, Lesotho, Mozambique, Ouganda, Zimbabwe, Tanzanie	73,34 %
Puissance économique continentale	Algérie, Afrique du Sud, Libye, Nigéria, Éthiopie, Tanzanie, Ghana, Angola	53,34 %

[61] Schématisation de l'auteur.

Nous citons ce succès puisqu'il intervient après l'année 2016 qui a été marquée par l'explosion des IDE marocains en Afrique, plaçant par là le royaume à la tête du classement des investisseurs intra-africains. Cette offensive a manifestement engendré une incidence politique puisqu'elle a influencé l'accord de certains pays africains qui reconnaissaient d'office la pseudo RASD, mais qui ont toutefois exprimé leur accord pour l'adhésion du Maroc au sein de l'UA à la manière du Nigéria, du Ghana, de l'Éthiopie, de la Tanzanie et de la Mauritanie. Dans un sens comme dans l'autre, certes, les IDE marocains ne représentent pas à eux seuls l'unique explication derrière ce revirement politique de certains États africains dans la mesure où, les instances diplomatiques marocaines pivotées par le souverain en personne ont employé des efforts considérables à travers des tournées marathoniennes précédant l'assemblée générale de l'UA dans le but de défendre leur retour au sein de la famille panafricaine. Le plus frappant dans cet évènement n'est autre que les visites effectuées par le souverain et les membres de sa délégation officielle au Nigéria, en Éthiopie et en Tanzanie, trois pays reconnaissant la pseudo RASD, seulement trois mois avant la tenue de l'assemblée générale de l'UA pour signer des accords de coopération et notamment d'implantation d'investissements marocains. Évidemment, par la suite, les trois pays ont accueilli favorablement le retour du royaume à l'UA. Aux vues de ces constats, il s'avère clairement que les IDE peuvent potentiellement jouer un rôle déterminant dans les considérations politiques des enjeux économiques, par conséquent, les investissements marocains dans les pays reconnaissant la pseudo RASD auront une incidence politique certaine à long terme à condition d'être conjuguées à d'autres variables interpellant des mécanismes diplomatiques complémentaires et adéquats aux spécificités singulières des pays concernés. Avant de conclure, même si on aurait constaté une certaine association positive entre l'implantation des IDE et la reconnaissance de la RASD par les pays d'accueil, cela n'aurait en aucun cas expliqué cette corrélation par une volonté explicitement politique sachant qu'il est difficile d'interpréter les implantations marocaines en Afrique uniquement par cette approche vu qu'elles ciblent majoritairement des secteurs et des pays à travers des IDE avec un taux de rendement économique très important, constat qui écarte la motivation politique de cette interprétation. Dans une dimension purement outre politique, nous pouvons appuyer notre constat par la présence des IDE marocains dans 11 pays sur 15 reconnaissant la pseudo RASD tout en justifiant leur absence dans 4 pays reconnaissant l'État fictif par l'éloignement géographique, le manque de connaissance de ces marchés par les firmes marocaines et enfin la concurrence directe avec les champions nationaux en particulier dans le cas de l'Afrique du Sud dont les grandes entreprises concurrencent directement les mastodontes marocains sur le continent et ce dans tous les secteurs d'activité.

Autre facteur explicatif, les investissements directs étrangers ne manquent pas sur le continent avec l'afflux à la fois des investisseurs non africains et aussi africains surtout dans un contexte où la majorité des pays assouplissent leur cadre réglementaire et développent des politiques d'attraction d'IDE à tous les niveaux. Par conséquent, si le royaume use de la stature du Roi sur le continent c'est justement pour s'y implanter au détriment d'autres investisseurs et non pas pour demander des concessions politiques pour ce faire. Enfin, dans une optique d'accompagnement de la tendance économique mondiale afin de préserver sa quête de leadership régional, nous estimons que le positionnement du royaume dans la tendance mondiale des flux d'investissements entrants en Afrique peut apporter des éléments de réponse à ce questionnement stratégique, surtout dans une conjoncture économique qui pousse le Maroc à se détacher de sa dépendance avec l'Europe puisque ses relations avec l'Union européenne ont vu leur limite atteinte et leur intérêt basculer vers un seul côté qu'est le vieux continent. En même temps, nous considérons probablement que la réorientation politico-économique de l'intérêt marocain envers l'Afrique a accompagné la tendance mondiale et l'effet d'agglomération économique que cela a suscité en particulier par la densification des IDE à destination du continent, état de fait qui alerté le royaume et réveillé sa conscience quant aux potentialités d'affaires dans ce sens et de l'avantage comparatif qu'il possède par rapport aux concurrents occidentaux vu son histoire et son positionnement géostratégique vis-à-vis de l'Afrique. Ainsi, nous allons procéder à une comparaison qui prend en considération l'évolution annuelle des flux d'IDE du Maroc et du monde sur la même période à destination de l'Afrique. À cet égard, on remarque l'existence d'une corrélation entre l'évolution des flux d'IDE marocains et celle des flux d'IDE du monde à destination de l'Afrique entre la période 2011 et 2015. [62] [63] Sur ce qui précède, nous constatons que sur l'année 2012, les Flux d'IDE marocains sortants envers l'Afrique ont progressé parallèlement à la croissance des IDE mondiaux ciblant le continent. De même, ils ont baissé de la même manière en 2013. En 2015, ils ont connu simultanément une tendance haussière.

Les trois principales conclusions à connotation explicative qu'on peut tirer de cette analyse tendancielle comparative sont les suivantes :

- Les facteurs de risque et d'attraction en Afrique demeurent les mêmes pour les investisseurs étrangers indépendamment de leur origine, de même, leur perception du potentiel est quasi identique vu la concordance de l'évolution des flux sortants marocains avec la tendance mondiale y afférente ;
- La veille stratégique et concurrentielle peut répondre à ce constat selon lequel il existe un mouvement d'investisseurs proactifs qui prennent l'initiative d'investir suivi d'un mouvement d'investisseurs suiveurs ;
- La corrélation entre ces flux est logique vu que les flux d'IDE sortants mondiaux envers le continent représentent le cumul des flux d'IDE sortants envers la même région de chaque pays d'origine.

Aussi, d'après les deux figures précédentes, il existe une divergence par rapport aux régions africaines prioritaires quant aux investissements marocains et mondiaux. Cela dit que les IDE marocains ciblent de façon condensée et prioritaire l'Afrique de

[62] Source : Office des Changes, *Échanges Maroc-Afrique Subsaharienne*, 2017

[63] Source : CNUCED, *Rapport sur l'investissement dans le monde, Investissement et nouvelles politiques industrielles*, 2018, p.39

l'Ouest, puis l'Afrique centrale et enfin l'Afrique de l'est sachant que l'Afrique australe est définitivement absente dans cette perspective. Pour ce qui est des flux mondiaux, la tendance est relativement très différente. On retrouve une évolution qui donne plus d'intérêt à l'Afrique australe devant respectivement l'Afrique de l'Ouest, l'Afrique du Nord, l'Afrique de l'Est et enfin l'Afrique centrale.

En effet, il est inéluctable que l'impact outre-économique des IDE marocains en Afrique a joué un rôle de soft power en s'appuyant sur l'implication des plus grosses entreprises marocaines des principaux secteurs économiques à l'image d'Attijariwafa Bank, de Maroc télécom, d'Addoha et de l'office chérifien des phosphates (OCP). Cette stratégie a toujours été amplifiée par le souverain marocain qui y a interprété le rôle de disséminateur à travers ses multiples tournées africaines précédent la signature d'accords commerciaux et d'investissement, donnant par-là, naturellement, un caractère régalien à ces initiatives et un discernement rédhibitoire aux opposants éventuels. Au-delà du poids du souverain, l'impact des multinationales marocaines est d'autant plus profond dans leur incarnation de l'image du royaume en tant que puissance émergente sur le continent, interprétant par là implicitement la fonction d'ambassadeurs économiques du Maroc.

Avant de développer cela, il s'avère judicieux de procéder à une dichotomie de la notion de Soft-power qui a été pour la première fois utilisée[64] par Joseph Samuel NYE en la qualifiant en tant qu'alternative voire un substitut à la force militaire et coercitive classique ''Hard-power'' et qui intervient après une prise de conscience partagée et élargie du fait que le pouvoir politique et la force tous azimuts ne sont plus garants d'un positionnement sur l'échiquier mondial. Joseph NYE définit cette force douce par la capacité d'un État à obtenir ce qu'il

[64] Joseph NYE, *Bund to lead : The changing nature of American power*, 1990

souhaite d'un autre État sans que celui-ci n'en soit même conscient à travers l'influence, l'attraction et la séduction.[65]

Par ailleurs, l'auteur identifie trois grandes catégories construisant les sources du soft power, en l'occurrence, la culture, les valeurs politiques et les politiques publiques. Cette définition nous offre un point de départ pour analyser la relation du soft power avec l'implantation internationale des investissements en tant qu'instrument de puissance nationale notamment dans le cas du Maroc en Afrique. Tout aussi important, voire plus, notons que le soft power marocain repose essentiellement sur les dimensions culturelle[66], religieuse et sécuritaire[67] de sa diplomatie concomitamment à son aspect économique. Toutefois il est important de retourner à la définition du Hard power qui conjugue la force militaire au pouvoir économique étant donné qu'on peut menacer et inciter d'autres États en leur imposant des sanctions économiques voire un isolement économique. L'angle de vue qu'on adopte dans ce sens n'est pas relatif aux menaces, mais plutôt à l'image et à la réputation liée à l'image des investissements et des FMN étrangères auprès des populations locales.

Déjà, de prime à bord, il s'ensuit que cette relation IDE et Soft-power tient au fait qu'elle est un élément d'un ensemble plus vaste. Celui-ci englobe non seulement la diplomatie économique, mais aussi la diplomatie publique, et s'étend même bien au-delà. Les FMN marocaines investissant en Afrique constituent le cœur de la diplomatie économique, mais agissent aussi en tant qu'acteurs de la diplomatie publique en mobilisant différents moyens pour communiquer l'image d'un Maroc prospère et conscient des enjeux de sa coopération sud-sud gagnant-gagnant. Ces IDE destinés à l'Afrique renforcent le soft power marocain

---

[65] Joseph NYE, *Soft Power: The Means to Success in World Politics*, Public Affairs, 2004

[66] Ahmed IRAQI, *Étude des composantes élémentaires du Marketing pays du Maroc en Afrique*, Proceedings des actes du colloque international sur le management et la stratégie des organisations CIMSO 2018, 2018, pp. 477-492

[67] Ahmed IRAQI, *L'articulation de la dimension sécuritaire et religieuse dans la politique étrangère du Maroc en Afrique subsaharienne : Branding religieux à double face*, International Journal of Innovation and Applied Studies, 2019

au niveau régional au sens le plus large du terme en renforçant son écho à travers le continent, mais aussi le monde, puisqu'il véhicule l'image d'un pays qui a tracé une stratégie africaine claire et pivotée par le souverain qui s'implique notoirement et activement de façon dynamique à tous les niveaux.[68]

En Afrique, le royaume a fait usage d'une diplomatie économique libérale au service de sa politique africaine. Outre ses investissements directs étrangers et l'intégration des instances multilatérales panafricaines telles que l'union africaine et la CEDEAO, la politique étrangère marocaine a toujours misé sur la diffusion d'une identité culturelle et religieuse singulière en élargissant son espace géoculturel et en jouant sur une identité marquée par l'ouverture et la tolérance pour tenter d'exercer un soft-power toujours impulsé par les initiatives royales. On affirme par là que la réputation marocaine en Afrique demeure toujours définie par l'identité religieuse du royaume plus que son dynamisme économique, du moins pour le moment. Cependant, s'agissant de l'impact réel de l'image de ces IDE sur le soft-power chérifien, bien qu'ils soient notablement difficiles à mesurer, ils ont un effet implicite et indirect sur le long terme.

[68] Carnes LORD, *Diplomatie publique et soft power*, Politique américaine, Vol. 3, N. 3, 2005, pp. 61-72

CHAPITRE II

RÉPARTITION GÉOGRAPHIQUE DES IDE MAROCAINS EN AFRIQUE : AMBIVALENCE STRATÉGIQUE

L'Afrique, de par sa richesse naturelle et humaine, mais aussi compte tenu de son retard tous azimuts, a toujours attiré la convoitise des grandes puissances économiques désireuses d'amplifier leur prospérité. Cependant, malgré ses ressources abondantes et la multiplication des investissements qu'elle accueille, elle demeure toujours à la traine comparativement aux autres continents. On estime aujourd'hui que ses besoins sont colossaux en termes d'infrastructure, d'énergie et de logements et les investissements étrangers la ciblant ne répondent toujours pas à l'intégralité de ces déficiences indéfectibles. En effet, l'Afrique Subsaharienne présente un besoin en investissement dans les infrastructures de l'ordre de 130 à 170 milliards de dollars par an avec un gap de financement de l'ordre de 68 à 108 milliards de dollars[69], alors que les anciennes estimations supposaient un besoin de 93 milliards par an pour les 10 prochaines années.[70] Aujourd'hui, il existe un déficit de financement de plus de 50 milliards de dollars, ce qui serait préjudiciable au développement des infrastructures sur le court terme. Cela s'explique outre à cause du déficit budgétaire, mais surtout par la répartition des ressources et notamment des budgets par les gouvernements qui donneront la priorité à d'autres secteurs qui produisent des flux de trésorerie rapides à contrario de l'investissement dans les infrastructures qui prend en moyenne entre 18 à 24 mois et est généralement établis pour

[69] Banque africaine de développement, *Perspectives économiques en Afrique 2018*, 2018, P.87

[70] Nations Unies, Commission économique pour l'Afrique, *Financements innovants pour la transformation structurelle des économies ouest-africaines*, 2017, p.27

répondre à une demande prévue au-delà de 10 à 15 ans sans mentionner les nombreux facteurs et problèmes de gouvernance et de corruption.[71] Dans cette optique, le Maroc n'a pas caché son engouement africain en accélérant ses IDE dans ce sens, mais à travers une stratégie portant sur des secteurs à très forte valeur ajoutée à travers des prises de participation au capital des entreprises locales ou à travers un montage de nouvelles filiales notamment dans le secteur bancaire, les assurances, l'immobilier et les télécommunications. Dans ce cadre, nous allons à travers les développements qui suivent, exposer de manière lapidaire les tendances géographiques des IDE marocains en Afrique pour essayer de dégager une interprétation analytique précise. À travers cette dissection, les données traitées sont pour la plupart disproportionnées dans le temps et s'arrêtent généralement[72] en 2015 dépendamment des statistiques officielles disponibles et publiées de nos jours (office des changes, 2017). À cet effet, les IDE marocains en Afrique ont atteint un niveau record en 2010 avec 4,6 Milliards de DH de flux, soit 92,2 % du total des investissements marocains à l'étranger. Constat factuel, l'Afrique est devenue le principal récipiendaire des investissements marocains dans le monde. Certes, à première vue, les résultats arrêtés en 2015 indiquent qu'il est visible que la région de l'Afrique subsaharienne a toujours représenté une destination préférée puisqu'elle recevait chaque année, en moyenne, plus de 40 % des flux d'investissements directs marocains ciblant le continent. Cependant, au-delà de l'évidence ostensible des présents constats, il est également important de souligner que d'autres considérations analytiques sont indéniables et doivent faire l'objet d'une recherche, ce qui nourrit la pertinence et la justesse de cette lecture géostratégique.

Subséquemment, comme le reflète le titre de la présente partie, méthodologiquement et pour des fins analytiques, nous avons procédé par une juxtaposition cartographique des IDE marocains diligentés en Afrique en prenant en considération leur

---

[71] Antonio ESTACHE, *Ibid.*

[72] D'autres données sont arrêtées en 2017.

ventilation à travers une double variable à la fois géographique et sectorielle.

Section 1 : Cartographie globale des investissements marocains en Afrique

D'après la cartographie globale des investissements marocains en Afrique [voir Figure 2], nous remarquons limpidement une nette densification sectorielle des implantations marocaines dans les pays de l'Afrique de l'Ouest.

Figure 2 : Cartographie globale des investissements directs étrangers marocains en Afrique[73]

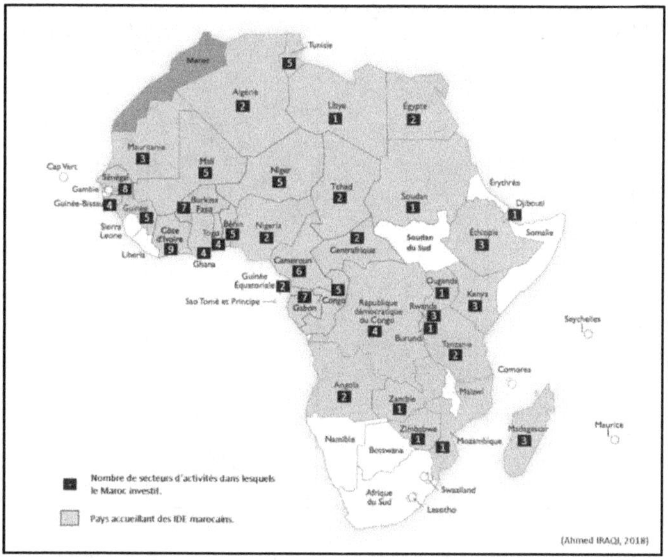

Or, en sollicitant le concept de soft-power et partant du fait qu'une telle approche est normalement opérée de façon indirecte pour convaincre et persuader les opposants et les détracteurs à adhérer aux idéologies et aux intérêts nationaux, la stratégie marocaine dans cette optique est contrastée. De même qu'il est d'importance de considérer le soft-power comme une alternative

[73] Schématisation de l'auteur.

résolument tournée face aux non partisans, à savoir que celui-ci doit être naturellement régi au service de l'action diplomatique contre antagoniste. En d'autres mots, les IDE marocains se manifestent en Afrique à l'opposé de ce qui devrait être selon l'approche du soft-power. [voir Tableau 3]

Tableau 3 : Tableau de la répartition sectorielle des IDE marocains en Afrique[74]

Région de l'Afrique	Moyenne des pays reconnaissant la pseudo RASD	Taux de présence des ide marocains	Moyenne des secteurs d'activités concernés par les ide marocains
AFRIQUE DU NORD	60 %	100 %	2.6
AFRIQUE DE L'OUEST	13 %	73 %	5.27
AFRIQUE CENTRALE	0 %	89 %	3.62
AFRIQUE DE L'EST	21 %	57 %	2.12
AFRIQUE AUSTRALE	70 %	40 %	1.25
AFRIQUE	28 %	68 %	3.38

En effet, dans le cas du Maroc, d'une part, les régions les plus partisanes à la pseudo RASD, à l'exception de l'Afrique du nord, en l'occurrence l'Afrique australe et l'Afrique de l'est sont celles qui accueillent le moins d'investissements en termes de concentration et de diversification sectorielles, avec respectivement 40 % et 57 % de taux de présence des IDE

[74] Schématisation de l'auteur.

marocains et 1.25 et 2.12 de moyenne des secteurs d'activités concernés par les investissements directs marocains.

D'autre part, on remarque une politique de densification d'IDE dans les régions les plus coutumières aux investissements directs marocains, à savoir l'Afrique de l'Ouest et l'Afrique centrale, d'ailleurs, cette dernière n'abrite aucun pays qui reconnait la pseudo RASD. Conséquemment, la ventilation des investissements directs marocains sur le continent est paradoxale puisqu'elle remet en cause son impact outre-économique à travers sa présence timide dans les régions où le Maroc est modestement connu voir détraqué par le régime au pouvoir.

À notre avis, ce contraste apparent dans la manœuvre d'implantation des IDE marocains qu'on qualifie d'ambivalence stratégique, peut avoir deux explications, la première se base sur une hypothèse de réticence économique du Maroc vis-à-vis de ces pays qui reconnaissent la pseudo RASD et qui sont subdivisés en deux groupes, à savoir, d'un côté les grandes puissances économiques du continent qui concurrencent historiquement le royaume comme le Nigéria, l'Algérie, l'Afrique du Sud, l'Égypte et l'Angola et où le royaume se réserve et/ou n'est pas permis d'investir à cause de la concurrence directe, et de l'autre côté les pays africains à régimes anocratiques[75] qui souffrent d'habitude du ralentissement de leur économie et où le taux de rendement de l'investissement étranger est relativement très faible ou comporte beaucoup trop de risques pour les investissements marocains notamment dans le cadre de due diligence relative à l'investissement. La deuxième hypothèse suppose que le Maroc possède une stratégie de Soft-power dite de confortation à la base de la massification de ses IDE dans les régions où il est habituellement et historiquement omniprésent pour pérenniser davantage sa présence et son hégémonie économique. En somme, si l'on s'intéresse de manière plus précise à ces deux hypothèses, on constatera que les problématiques qu'elles soulèvent se complètent et peuvent justifier mutuellement l'approche stratégique émancipatoire employée par le Maroc en

[75] En référence à l'anocratie qui se rapporte à un régime politique qui n'est ni amplement démocratique ni pleinement autocratique.

Afrique. Néanmoins, nonobstant cela, le royaume est dans l'obligation d'élargir le champ d'action géographique de ses investissements africains que ce soit pour son intérêt économique à la lumière des opportunités d'affaires qu'offre le continent ou pour l'incidence politique y afférente dans le but d'élargir la liste de ses alliés et imposer in fine son leadership continental.

Figure 3 : Flux sortants d'IDE marocains en Afrique Subsaharienne 2003-2013[76]

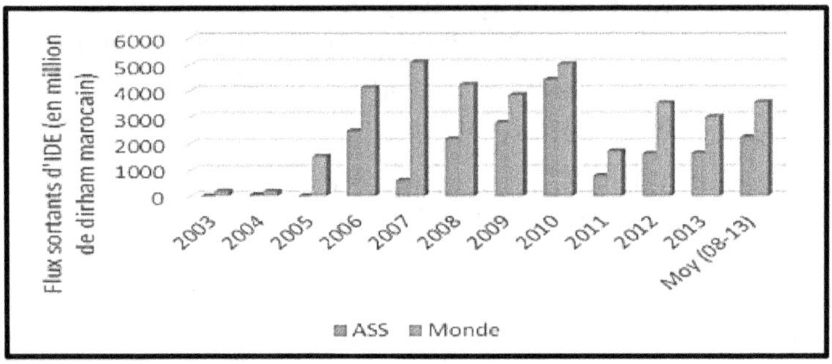

De manière sommaire, on déduit de la carte précédente que les investissements marocains sont installés disproportionnellement dans toutes les régions du continent et sont particulièrement axés sur le secteur financier qui concerne 26 pays africains sur 36 accueillant les IDE marocains. De plus, on remarque à partir des données de la carte que ces investissements sont relativement plus diversifiés en Afrique de l'Ouest comparativement aux autres régions qui ne cumulent qu'un ou deux investissements sectoriels. Historiquement, les flux d'investissements étrangers marocains en Afrique subsaharienne n'ont réellement progressé qu'à partir de l'année 1999, plus spécifiquement sur la période de 1999 à 2014, ce qui marque alors leur première vaque de croissance. Ces flux sont passés de 18 millions à 443,6 millions de dollars, soit l'équivalent d'une croissance annuelle d'environ 23,8 %. Ils ont

[76] Moubarack LO, *Relations Maroc-Afrique subsaharienne : quel bilan pour les 15 dernières années ?*, 2016, p. 42

par la suite connu une nette augmentation à partir de l'année 2005 comme l'illustre la [Figure 3].

Une énième vague d'accélération des flux d'IDE marocains à destination de l'Afrique subsaharienne a été particulièrement observée entre 2008 et 2015, où ces flux ont atteint 40 % du total des IDE marocains dans le monde avec un climax de 92,2 % du total des IDE marocains, d'autant plus, les investissements marocains dans cette région ont plus que doublé en 2015, en passant de 1,2 milliard de dirhams en 2014 à 3 milliards de dirhams comme l'illustre la [Figure 4].

Figure 4 : Évolution des Flux d'IDE marocains en Afrique 2008-2015[77]

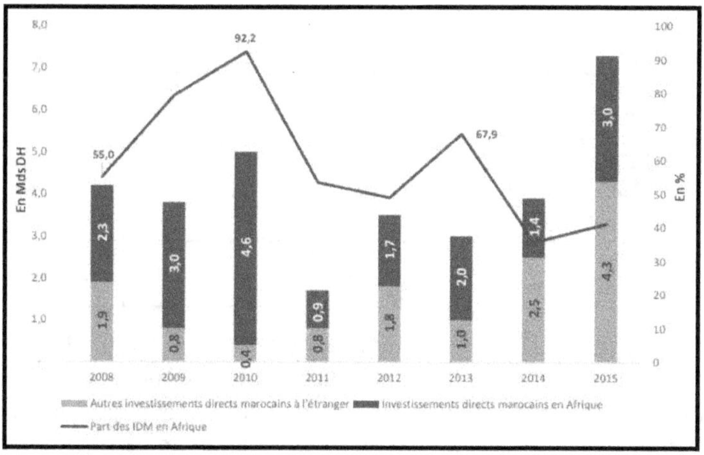

On constate également à travers la même figure que les IDE marocains ciblant l'Afrique subsaharienne représentent une moyenne de 89,5 % du grand total des flux sortants vers le continent et 53,1 % de la somme des IDE marocains à l'étranger sur la période 2008 et 2015, comme le décline minutieusement le [Tableau 4].

Il est à noter que cette forte progression des flux sortants d'IDE marocains dans le monde et plus particulièrement en Afrique subsaharienne est également liée, d'un point de vue

[77] Office des Changes, *Échanges Maroc-Afrique Subsaharienne*, 2017, p. 24

juridique et réglementaire, à la signature d'accords de protection et de promotion réciproque des investissements et de non double imposition entre le royaume et plusieurs pays d'Afrique Subsaharienne en particulier.

Tableau 4 : IDE marocains en Afrique subsaharienne en millions de dirhams 2008-2015[78]

	2008	2009	2010	2011	2012	2013	2014	2015
1- IDE marocains à l'étranger	*4236*	*3839*	*5016*	*1710*	*3532*	*3019*	*3958*	*7361*
2- IDE marocains en Afrique	*2330*	*3046*	*4625*	*912*	*1727*	*2050*	*1413*	*3030*
Part (%) 2/1	*55,0*	*79,3*	*92,2*	*53,4*	*48,9*	*67,9*	*35,7*	*41,2*
3- IDE marocains en Afrique subsaharienne	*2181*	*2795*	*4424*	*788*	*1611*	*1517*	*1185*	*2946*
Part (%) 3/2	*93,6*	*91,7*	*95,7*	*86,4*	*93,3*	*74,0*	*83,9*	*97,2*

À cet égard, il est important de rappeler que depuis le début des années 2000, le Maroc a conclu plus de 1000 accords de coopération dans plusieurs domaines avec une panoplie de pays du sahel africain, cet adoucissement réglementaire a justement très largement favorisé la voie aux grandes entreprises marocaines pour s'attaquer aux marchés africains. À cela s'ajoute qu'en 2016, le royaume est devenu le premier investisseur intra-africain en termes de flux d'IDE avec des investissements estimés à près de 4 milliards de dollars, chiffre équivalent à 5,1 % du total des investissements étrangers opérés en Afrique durant la même année.[79] Par conséquent, le stock d'investissements directs marocains en Afrique a connu une croissance exponentielle sur la période de 2010-2015 en passant

[78] *Ibid.*, *Échanges Maroc-Afrique Subsaharienne*, 2017, p. 25
[79] Ernest & Young, *EY's Attractiveness Program Africa*, 2017, p. 20

de 6,2 milliards de dirhams en 2010 à 10,7 milliards de dirhams en 2014 avant de connaître un bond important en 2015 en atteignant les 17 milliards de dirhams. [voir Figure 5]

Figure 5 : Stock d'IDE marocains en Afrique subsaharienne 2010-2015[80]

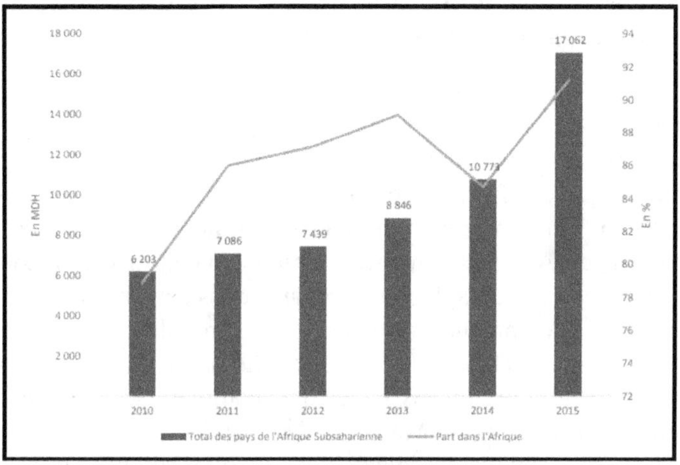

En effet, d'après les données arrêtées entre la période 2010 et 2015, le Stock d'IDE marocains réalisés en Afrique subsaharienne, en excluant l'Afrique du nord, enregistre un taux d'accroissement annuel moyen de 22,4 %. Il augmente en 2010 de 58,4 % par rapport à 2014 et sa part dans le total du stock d'IDE en Afrique se situe à 91,2 % en 2015 au lieu de 84,7 % en 2014, ce qui nourrit davantage l'intérêt de l'Afrique subsaharienne dans l'offensive économique marocaine en Afrique.

Face à cet engouement marocain vis-à-vis de l'Afrique, on peut constater que les investisseurs intra-africains ont presque triplé leur part d'IDE au cours de la dernière décennie, passant de 8 % en 2003 à 22,8 % en 2013 de leurs IDE dans le monde. Cette tendance croissante est résolument enrichie par l'obligation de développer les chaînes de valeur et de booster l'intégration

[80] *Ibid.*, p. 29

régionale. Un autre facteur de croissance est la compréhension que les investisseurs africains, notamment marocains, ont du marché et des opportunités et défis potentiels de l'Afrique.[81]

Section 2 : Focalisation ouest-africaine des Investissements marocains : penchant historique vers l'Afrique francophone et musulmane

La relation privilégiée qu'entreprend le Maroc vis-à-vis de l'Afrique de l'Ouest s'inscrit dans un prolongement historique multidimensionnel naturel sachant que la proximité géographique et l'histoire commune constituent le soubassement de celle-ci. Pour entériner cela, tous les indices de la pénétration marocaine en Afrique démontrent clairement cette accentuation de la concentration géographique marocaine dans cette sous-région en particulier, à commencer par les visites royales du souverain marocain remarquablement axées sur cette partie du continent qui regroupe déjà les principaux partenaires commerciaux du royaume à l'image du Sénégal, du Mali et de la Côte d'Ivoire, et en passant par l'arsenal juridique et réglementaire établi à cet effet et incarné par le nombre important d'accords commerciaux et d'investissement conclus essentiellement avec la plupart des pays de cette région. À présent, le Maroc a voulu approfondir davantage ses liens avec cette région en demandant officiellement d'adhérer en tant qu'État membre à part entière à la communauté économique régionale y afférente, en l'occurrence, la Communauté économique des états de l'Afrique de l'Ouest (CEDEAO), acte accueilli favorablement par ladite entité après lui avoir accordé un premier accord de principe en vue d'une future intégration communautaire malgré quelques reproches indécises quant à l'intérêt économique voire même politique d'une telle intégration pour la région vu le déséquilibre économique et structurel entre le royaume et les États membres de cette communauté. Cela étant dit, la distribution des IDE marocains effectués en Afrique subsaharienne par zone géographique, comme l'illustre la [Figure 6], fait nettement

---

81 Rim BERAHAB, *Relations entre le Maroc et l'Afrique subsaharienne : Quels potentiels pour le commerce et les investissements directs étrangers ?*, Policy Brief, OCP Policy center, 2017

apparaître que les pays de l'Afrique de l'Ouest sont en tête des pays récipiendaires des investissements avec une moyenne de 64,7 % sur la période 2011-2015, contre une moyenne de 25,3 % et 10 % respectivement pour les pays de l'Afrique centrale et de l'Afrique de l'est.

Figure 6 : Distribution des IDE marocains en Afrique subsaharienne 2011-2015[82] [83]

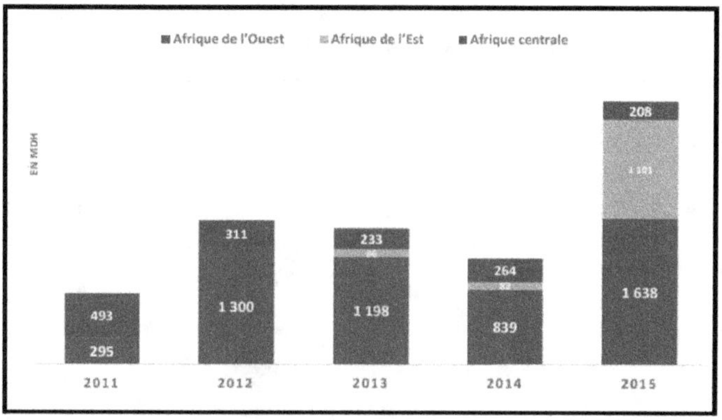

Au-delà de la primauté du facteur de la proximité géographique, le facteur historique est bien évidemment très considéré à cet égard vu les rapprochements d'ordre linguistique, culturel et religieux avec notamment le partage de la même religion et du même rite cultuel sunnite malékite. Les données statistiques[84] appuient cette tendance, en effet, sur la période entre 2008 et 2014, chaque année, ce sont environ 2 milliards de dirhams qui ont été investis par le Maroc dans cette région. D'autant plus, la répartition des investissements directs étrangers marocains par pays fait nettement apparaître que ce sont effectivement les pays d'Afrique de l'Ouest qui s'accaparent toujours des premières positions en tant que premières destinations des investissements sortants marocains à l'image du Mali qui était le premier récipiendaire dans ce sens au

[82] Office des Changes, *Échanges Maroc-Afrique Subsaharienne*, 2017, p. 26

[83] L'Afrique australe n'est pas mentionnée puisqu'elle n'a reçu aucun flux d'IDE marocain sur cette période.

[84] Moubarak LO, *Relations Maroc-Afrique subsaharienne : Quel bilan pour les 15 dernières années ?*, OCP Policy center, 2016, pp. 41-42

cours des années 2009, 2010 et 2013 avec respectivement 58,9 %, 35,6 % et 28 % des investissements directs marocains en Afrique.[85] En 2008, le Sénégal recevait 65,6 % des IDE marocains et en 2011 et 2012, le Cameroun et la Côte d'Ivoire recevaient de manière respective la part de 55,2 % et 55,9 % et s'appropriait de la première destination des flux d'IDE marocains en Afrique subsaharienne comme l'illustre la [Figure 7].

Figure 7 : Distribution du Stock des IDE marocains par pays en Afrique subsaharienne 2010-2015[86]

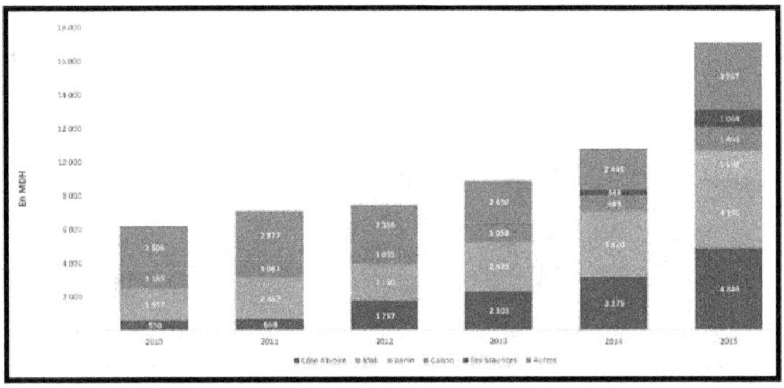

En 2014 et 2015, la Côte d'Ivoire recevait successivement la plus grosse part. [voir Figure 8] En termes de Stock d'IDE, les pays de l'Afrique de l'Ouest s'accaparent de la part de lion, ainsi, la Côte d'Ivoire devient le premier pays récipiendaire du stock des investissements marocains en Afrique subsaharienne en 2015 avec un total de 4,8 milliards de dirhams, ce qui représente 10,5 % du stock des IDE détenus à l'étranger par le Maroc et 28,4 % en Afrique subsaharienne. Dans cette lignée, la Côte d'Ivoire est suivie du Mali avec un encours de 4,2 milliards de dirhams, ensuite du Bénin avec un total de 1,6 milliard de dirhams et du Gabon avec 1,4 milliard de dirhams comme l'avance l'illustration suivante. Enfin, soulignons que l'encours total de ces quatre pays est équivalent à 70,5 % du stock des IDE marocains en Afrique subsaharienne.

[85] *Ibid.*, Office des Changes

[86] *Ibid.*, Office des Changes, p. 31

Figure 8 : Top 4 Pays d'accueil des IDE marocains en Afrique en 2014 et 2015[87]

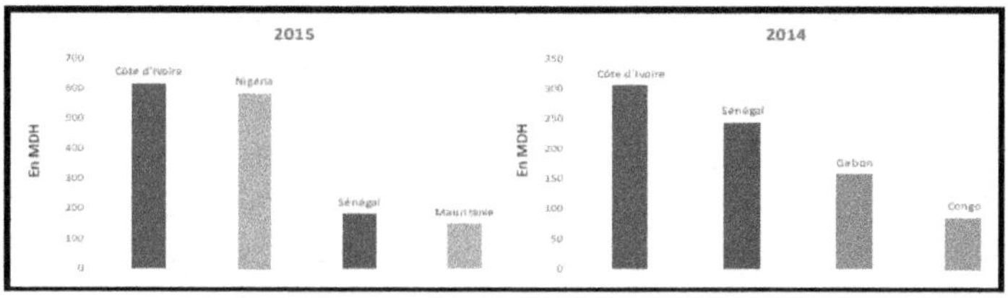

Section 3 : Approche Critique de la concentration uni-sens des IDE marocains en Afrique

D'après les constats précédents, nous remarquons que les IDE marocains sont relativement déséquilibrés puisqu'ils sont résolument concentrés en Afrique de l'Ouest, zone de confort habituelle des partenariats Maroco-africains, délaissant par conséquent un gisement d'opportunités dans le reste des groupements régionaux généralement lusophones et anglophones notamment en Afrique australe et en Afrique de l'est où la présence marocaine est quasi désertique. Selon les données de distribution des IDE marocains [voir Figure 9], la répartition du stock des investissements marocains effectués en Afrique subsaharienne reflète un déséquilibre très apparent avec l'accaparation de l'Afrique de l'ouest d'un stock avec une moyenne de 75 % sur la période 2010-2015, suivie de l'Afrique centrale avec 21,8 %, puis de l'Afrique de l'est avec 3 % et enfin de l'Afrique australe avec 0,1 %. On remarque aussi que le stock des IDE marocains en Afrique centrale n'a quasiment pas évolué contre une croissance minime en Afrique de l'Est. Ces chiffres traduisent littéralement la déficience du ciblage des investissements marocains envers la zone est et australe du continent. Jusqu'à nos jours, seul un nombre assez timide de groupes marocains a fait le pari d'investir dans ces zones d'inconfort comme MANAGEM, présente au Soudan et Ethiopie, BMCE Bank à travers Bank of Africa, implantée en Ouganda, en Tanzanie, à Djibouti, au Kenya et à Madagascar,

[87] *Ibid.*, p. 27

SAHAM au Rwanda, en Angola, au Kenya et à Madagascar et M2M au Rwanda et en Ethiopie. Dans les pays anglophones d'Afrique de l'Ouest, il faut également faire le point sur la présence timide des entreprises marocaines au Ghana et au Nigéria considérés comme des puissantes économies africaines.[88] Pourtant, la découverte récente de nouvelles ressources naturelles dans des pays comme la Tanzanie, le Kenya et l'Ouganda devrait potentiellement embellir les IDE en Afrique de l'Est. D'après les estimations, ces dernières pourraient vraisemblablement atteindre les 18,5 milliards de dollars à l'horizon 2020. Analogiquement, ces perspectives de croissance ne s'arrêtent pas là, étant donné que la croissance du pouvoir d'achat des ménages avec le boom de la classe moyenne africaine, le développement des infrastructures outre l'intégration économique régionale devraient également déclencher de nouveaux investissements dans ladite région.

Figure 9 : Distribution du Stock des IDE marocains par régions en Afrique subsaharienne 2010-2015[89]

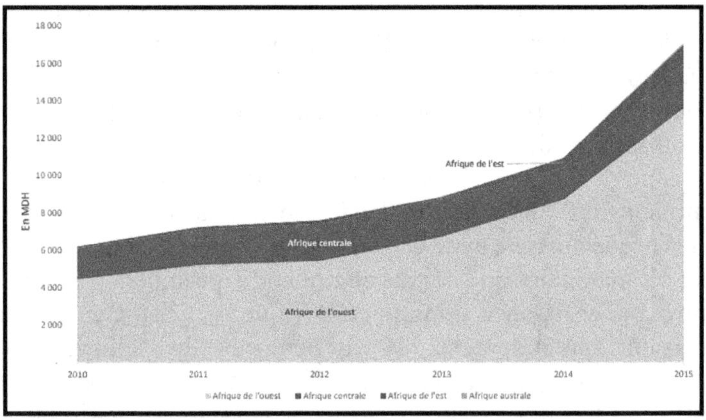

[88] Institut Amadeus, *Le Maroc et l'Afrique, pour une mobilisation nationale d'envergure*, 2014
[89] *Ibid.*, p. 30

Aujourd'hui, les pays de l'Afrique de l'Est, l'Ethiopie, le Kenya, l'Ouganda, la Djibouti, le Rwanda, la Tanzanie et le Burundi constituent à eux seuls un marché commun de près de 300 millions d'habitants pour un PIB de 266 milliards de dollars, ils représentent ainsi des opportunités assez évidentes pour le Maroc qui prévoit de conquérir l'Afrique dans toute sa diversité.[90] La [Figure 10] montre clairement que cette région est celle qui connaît le plus de croissance économique et ce présentement et à l'horizon devant respectivement l'Afrique du Nord, l'Afrique de l'Ouest, l'Afrique centrale et l'Afrique australe. Cette région représente même un taux de croissance au-dessus de la moyenne africaine. Finalement, on peut conclure que malgré l'existence de relations historiques entre le Maroc et certains pays de l'Afrique australe et de l'Afrique de l'Est alors que le royaume fut parti des pays ayant pris l'initiative de manifester leur fervent soutien aux opérations de libération et d'indépendance en Afrique du Sud, en Angola et au Mozambique, celle-ci n'a jamais été capitalisée ou au moins convertie, du moins suffisamment, en relations économiques évolutives. Force est de souligner qu'en plus des facteurs géographiques et culturels répulsifs, les problèmes politiques liés au Sahara marocain tendent à renforcer ce gap. Toutefois, nous avons observé que la diplomatie marocaine, avec à sa tête le souverain marocain, a récemment franchi un nouveau cap dans ses relations avec certains États africains, jusque-là, alliés de ses principaux détracteurs africains, en l'occurrence le front Polisario et l'Algérie, en initiant les visites royales dans ces pays et à travers l'instauration de représentations diplomatiques marocaines permanentes dans ces régions à l'instar des visites royales ponctuées en 2017 entre autres en Ethiopie, en Zambie, en Tanzanie et au Soudan du Sud.

---

[90] Soumayya DOUIEB, *La nouvelle stratégie africaine du Maroc*, cfcim.org, 2016

Figure 10 : Croissance du PIB réel dans les régions africaines en % 2014-2019[91]

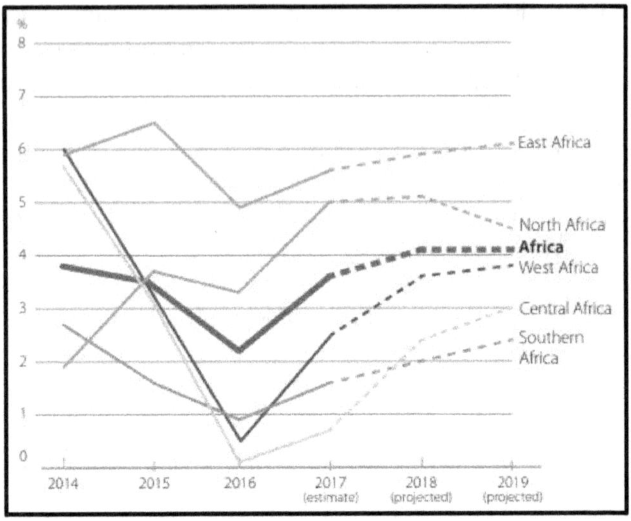

Ainsi, cette percée inédite du Maroc dans cette région longtemps incognita témoigne de la crédibilité qu'il ne cesse de gagner à travers le continent et ce plus particulièrement grâce à l'approche de développement solidaire qu'il prône et qu'il communique dans cette optique, le tout dans une stratégie africaine intégrée et bien réfléchie. Par conséquent, cette vaste région africaine, en référence à l'Afrique de l'Est, demeure une zone pleine de promesses notamment dans les domaines de l'agriculture, des télécommunications, du bâtiment et de la finance. Dans le même sens d'idée, cette région possède à elle seule l'équivalent de la moitié du Produit Intérieur Brut de l'Afrique subsaharienne. [Voir Figure 10] Elle dispose également de ressources naturelles abondantes et diversifiées outre un potentiel économique très élevé, opportunités que devront saisir les compagnies marocaines qui ont jusque-là étalé toute leur expertise avérée et leur compétence en Afrique de l'Ouest, zone de confort naturelle du Maroc, au vu de son histoire

[91] African Economic outlook, 2018

multidimensionnelle dans cette région.[92] Les accords de coopération signés par le Maroc au Rwanda, en Tanzanie, en Ethiopie, au Nigeria et au Ghana propulseront le royaume dans cette projection vers d'autres contrées en Afrique australe, prêtes à s'inscrire dans le concept de co-émergence qui fait la force de frappe de la nouvelle stratégie africaine du Maroc. Cette offensive économique devra apporter une diversification souhaitée dans cette vaste étendue au sud du continent, jusqu'ici contrôlée par les compagnies sud-africaines qui concurrencent acharnement les mastodontes marocains. En 2016, le Maroc est devenu le premier investisseur en Afrique, sauf que ce classement lui est attribué essentiellement à la base de ses investissements en Afrique de l'Ouest qu'il domine très largement devant ses concurrents. De facto, son désir de s'imposer sur l'échiquier économique continental rend légitime et naturelle son entrée sur le marché de l'Afrique australe.[93]

---

[92] Ahmed IRAQI, *Le Maroc et l'Afrique : Ébauche nostalgique d'une histoire multiséculaire et pluridimensionnelle*, 2019, Éditions Edilivre-Aparis

[93] Abdelghani AOUIFIA, *La visite royale en Zambie : Percée diplomatique et économique inédite du Maroc en Afrique australe*, Agence marocaine de presse, 2017

CHAPITRE III

ANALYSE SECTORIELLE DES INVESTISSEMENTS MAROCAINS EN AFRIQUE

Les investissements directs marocains en Afrique connaissent une diversification sectorielle importante avec quelques concentrations sectorielles remarquables notamment dans le secteur bancaire qui a historiquement pivoté les IDE du royaume avec un stock de 6,9 milliards de dirhams en 2015 soit 40,3 % du total du stock d'IDE marocains en Afrique, suivi du secteur des télécommunications avec 5,9 milliards de dirhams soit l'équivalent de 34,4 %, puis des assurances avec 2,2 milliards de dirhams soit 13 % et de l'industrie avec 1 milliard de dirhams soit l'équivalent de 5,6 %. Compte tenu des données statistiques de la répartition sectorielle des investissements marocains à cet égard entre 2011 et 2015 [voir Figure 11], ceux-ci se répartissent essentiellement dans trois secteurs se caractérisant par une très forte valeur ajoutée et notamment dans le secteur bancaire avec une moyenne 43,7 % en 2015, le holding avec 20,5 % et l'immobilier avec 8,9 %. Le secteur bancaire a d'ailleurs toujours occupé la pole position du total des IDE en Afrique et ce de 2011 à 2015. À partir de 2012, on remarque que l'investissement dans le secteur immobilier prend également de l'ampleur pour atteindre 25 % du total en 2014. Toutefois, les investissements dans ce secteur baissent en 2015 à 8,9 % du total. De la même manière, les investissements marocains dans le secteur de l'industrie enregistrent aussi une baisse de 3,1 % en 2012 et de 2,6 % en 2015, en revanche, les investissements dans les télécommunications ont connu une très forte augmentation en 2015, moyennant 34,4 % des IDE du Maroc sur le continent. Nous allons à présent faire un panorama étendu et diffus des investissements marocains en Afrique à la base d'un tri exhaustif des secteurs d'activité les concernant. En cela, nous étalerons dans un premier temps la liste des principaux opérateurs économiques marocains en Afrique avant de basculer vers la distribution sectorielle des IDE marocains et de finir par une analogie sectorielle qui nous permettra de dégager des conclusions à connotation analytique.

Figure 11 : Distribution sectorielle des IDE marocains en Afrique subsaharienne 2011-2015[94]

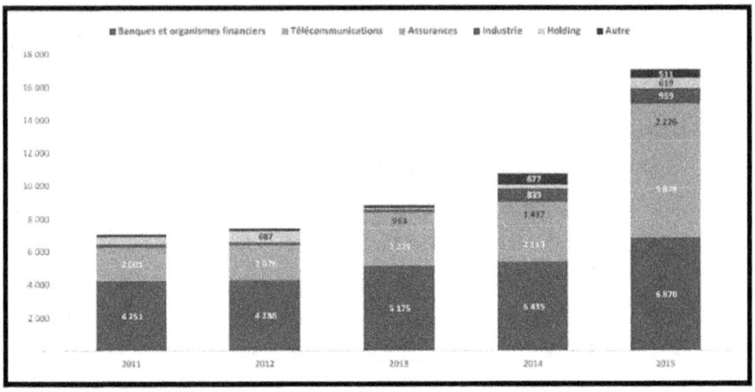

Section 1 : Principaux opérateurs marocains publics et privés investissant en Afrique

Au jour d'aujourd'hui, plus de mille entreprises publiques et privées marocaines ont implanté des investissements directs en Afrique, elles y ont investi au total approximativement 2,2 milliards de dollars.[95] [voir Tableau 5]

[94] Office des Changes, *Échanges Maroc-Afrique Subsaharienne*, 2017, p. 28

[95] Nasser Bourita, Ministre des affaires étrangères et de la coopération international, 08-06-2017

Tableau 5 : Distribution sectorielle des grandes entreprises marocaines investissant en Afrique[96]

SECTEUR D'ACTIVITÉ	ENTREPRISES
Télécommunication	MAROC TELECOM
Banque	ATTIJARIWAFA BANK, BANQUE POPULAIRE, BMCE
Assurances	SAHAM, WAFA ASSURANCE, ATLANTA ASSURANCE, RMA WATANYA
Mines & Énergie	ONEE, ONHYM, MASEN, MANAGEM, OPTORG, NAREVA
BTP	SOMAGEC, CIMAF, NOVEC, YNNA HOLDING
Immobilier	ADDOHA, ALLIANCES, PALMERAIE, YNNA HOLDING, HOLMARCOM
Pharmaceutique	COOPER PHARMA, SOTHEMA, PHARMA 5
Industrie	CIMAF, SAFARI, YNNA HOLDING
Agriculture	OCP
Agroalimentaire	HOLDING SANAM, COSUMAR

Toutefois, les entreprises marocaines ayant pris le risque d'investir sur le continent appartiennent quasiment toutes à la même catégorie des opérateurs économiques, en l'occurrence, la catégorie des grands mastodontes, puisqu'on exclut les PME qui n'ont toujours pas profité du cadre réglementaire attrayant dans ce cadre. Cette réticence reste liée à plusieurs raisons à la fois endogènes et exogènes, dont on peut citer en partie, les spécificités du tissu des PME marocaines qui restent à forte prédominance familiale, le manque d'intérêt pour investir à l'étranger, la peur face à la prise de risque, l'ignorance de la spécificité des marchés africains, le manque de soutien des opérations d'ouverture de lignes de crédit pour la garantie de

[96] Schématisation de l'auteur.

paiement des transactions commerciales et l'insuffisance des mécanismes d'accompagnement à l'investissement à l'étranger et des mécanismes d'assurance en faveur des PME.[97] Entretemps, au-delà des défis liés à la pression concurrentielle locale notamment face aux champions nationaux, les PME marocaines ont surtout du mal à mobiliser les ressources financières nécessaires à leur implantation à l'étranger. Or, l'eldorado africain profite pour le moment plutôt aux champions nationaux qui ont raflé des marchés relatifs à nombreuses activités, et ce dans plusieurs pays africains puisqu'ils possèdent à la fois les capitaux et l'expertise nécessaires pour s'y implanter et prospérer.

Section 2 : Ventilation sectorielle des investissements marocains en Afrique

Sous-section 2.1 : Secteur bancaire et financier

Si les investissements marocains dans le secteur banquier connaissent un grand succès, c'est principalement pour trois raisons complémentaires. La première est due à l'expertise marocaine en la matière, ensuite, c'est grâce à la présence africaine de trois grands groupes bancaires marocains en pleine prospérité financière et opérant dans une concurrence équilibrée et acharnée entre eux, et enfin c'est à travers une implantation élargie dans des régions africaines en pleine croissance, en particulier en Afrique de l'Ouest et en Afrique centrale. [voir Figure 12] Plus précisément, c'est en 1989 que les premiers investissements directs étrangers dans le secteur bancaire et financier ont été réalisés en dehors des frontières marocaines et notamment en Afrique.

C'est grâce à BMCE Bank qui a racheté à l'époque l'équivalent de 27,38 % du capital de la Banque de développement du Mali, puis 25 % des parts de la Congolaise des banques en 2004. Dans cette suite, BMCE Bank est également

---

97 Institut Amadeus, *Le Maroc et l'Afrique, pour une mobilisation nationale d'envergure*, p. 115

devenue actionnaire à hauteur de 59,39 % dans la Bank of Africa du Mali en 2007 avant d'acquérir le réseau Bank of Africa en 2010, étant classé à l'époque comme deuxième grand réseau bancaire de l'UEMOA. En 2013, la banque s'est implantée au Togo et en Ethiopie. Le groupe est de nos jours présent dans 20 pays africains en Tunisie en Afrique du Nord, dans huit pays en Afrique de l'Ouest et notamment au Mali, au Sénégal, au Burkina Faso, en Côte d'Ivoire, au Ghana, au Togo, au Bénin et au Niger, avec Sept implantations en Afrique de l'Est au Djibouti, en Éthiopie, en Ouganda, au Kenya, au Rwanda, en Tanzanie, et à Madagascar, et grâce à quatre représentations en Afrique centrale au Burundi, au Cameroun, au Congo-Brazzaville et au RDC-Congo. BMCE Bank compte près de 550 agences en Afrique subsaharienne[98] et fait partie des premiers réseaux bancaires dans l'union économique et monétaire de l'Afrique de l'Ouest (UEMOA).[99] Le groupe est classé 2e Banque panafricaine en termes de couvertures géographiques et son ambition ne s'arrête pas là puisqu'il compte s'implanter dans les 54 pays africains dans les 10 à 15 prochaines années.

La Banque Centrale Populaire (BCP) est aussi présente en Afrique grâce à son réseau bancaire constitué de trois filiales, en l'occurrence, le réseau banque atlantique, la Banque populaire maroco-guinéenne et la Banque populaire maroco-centrafricaine étant considérée comme la deuxième banque en Centrafrique, ces deux derniers groupes, créés en 1990, sont détenus et contrôlés par la BCP à hauteur de 53,9 % et 62,5 % respectivement. En 2010, un consortium composé des groupes BCP et d'Attijariwafa Bank et la Banque Populaire a terminé l'acquisition de 80 % de BNP-Paribas Mauritanie avec des parts respectives de 67 % et 33 %.[100]

En 2012, la BCP a accéléré son processus d'internationalisation en Afrique à travers un accord de partenariat stratégique avec Atlantic Financial Group, société ivoirienne contrôlant le Groupe

---

98 BMCE Bank of Africa, *Rapport annuel*, 2016

99 Ministère des finances, *Relations Maroc-Afrique, l'ambition d'une ''nouvelle frontière''*, 2015

100 *Ibid.*

Banque Atlantique, pour le développement des activités bancaires dans 7 pays africains de l'UEMOA par la participation les banques du Sénégal, de la Côte d'Ivoire, du Togo, du Bénin, du Mali, du Burkina Faso et du Niger.[101] Le groupe est aujourd'hui présent par 16 filiales dans 12 pays africains.[102]

Le groupe AttijariWafa Bank, né en 2004 de la fusion de la Banque commerciale du Maroc et de WafaBank n'est pas en reste puisqu'il est le premier groupe bancaire marocain. Son internationalisation africaine a commencé en 2006 par la création d'AttijariWafa Bank Sénégal qui a été fusionnée avec la Banque sénégalo-tunisienne et qui a été à son tour rapprochée en 2008 avec la compagnie bancaire de l'Afrique occidentale (CBAO) pour créer la CBAO groupe AttijariWafa Bank, détenu à 51,93 % par le groupe marocain. En 2008, elle acquiert 51 % du capital de la Banque internationale du Mali avant de racheter, la même année, cinq filiales africaines du groupe français Crédit Agricole. Cette acquisition a permis au groupe de consolider son leadership au Sénégal par le rachat de 95 % du capital du crédit du Sénégal, au Congo-Brazzaville à travers une prise de participation moyennant 81 % du Crédit du Congo, au Cameroun grâce à 65 % du capital de la société camerounaise de banques, au Gabon par 59 % des parts de l'union gabonaise de banques et en Côte d'Ivoire à travers 51 % du capital de la société ivoirienne de banques.[103] En 2013, AttijariWafa Bank a officiellement acquis 55 % du capital de la banque internationale pour l'Afrique au Togo (BIA-Togo) et a ouvert une succursale de la CBAO groupe AttijariWafa Bank au Niger.[104] En 2016, le groupe a réussi l'opération de rachat de Barclays Bank Egypt (BBE). Au total, AttijariWafa Bank possède des filiales dans 16 pays africains[105]

---

[101] Institut Amadeus, *Le Maroc et l'Afrique, pour une mobilisation nationale d'envergure*, 2014, p. 106

[102] Banque populaire, *Rapport annuel*, 2017

[103] Ministère de l'économie et des finances, Al Maliya, N.58, 2015, p. 10

[104] *Ibid.*

[105] AttijariWafa Bank, *Rapport d'activité et de responsabilité sociale*, 2017

et a investi plus de d'un milliard de dollars en Afrique dans les sept dernières années.[106]

Ces trois banques marocaines cumulaient à elles seules en 2016, 41 filiales en Afrique avec un réseau de près de 1400 agences réparties dans 25 pays. [107] Statistiquement, à titre d'exemple, les groupes bancaires français contrôlaient en 2007 environ deux fois plus d'agences en Afrique en comparaison aux banques marocaines, en 2014, c'est l'inverse qui se concrétisa notamment l'Union économique et monétaire d'Afrique de l'Ouest (UEMOA) et la Communauté économique et monétaire d'Afrique centrale (CEMAC).

Ces banques s'inscrivent désormais au tout premier plan des groupes bancaires panafricains grâce à leur politique de développement à l'international qui commence à concurrencer les grands cadors africains du secteur bancaire en Afrique du sud, au Togo, en Égypte et au Nigéria comme le démontre le classement suivant qui classe ces banques parmi le top 25 en Afrique.

Le Classement The Banker accorde à AttijariWafa Bank la 4e place du secteur bancaire africain, dépassant ainsi le Groupe Banque populaire, 6e au classement continental, BMCE, 11e du classement et enfin Crédit Agricole du Maroc en tant 23e plus grande banque panafricaine. Pour le moment, l'Afrique du Sud domine toujours le podium du classement avec trois banques à son actif. [108]

---

[106] Maroc diplomatique, *Le groupe AttijariWafa Bank a investi plus d'un milliard de dollars en Afrique durant les sept dernières années*, 2017

[107] Fahd IRAQI, *Maroc : Un solide plan d'affaires en Afrique*, Jeune Afrique, 2015

[108] Source : The Banker, 2017

Figure 12 : Cartographie de la présence des banques marocaines en Afrique - 2018[109]

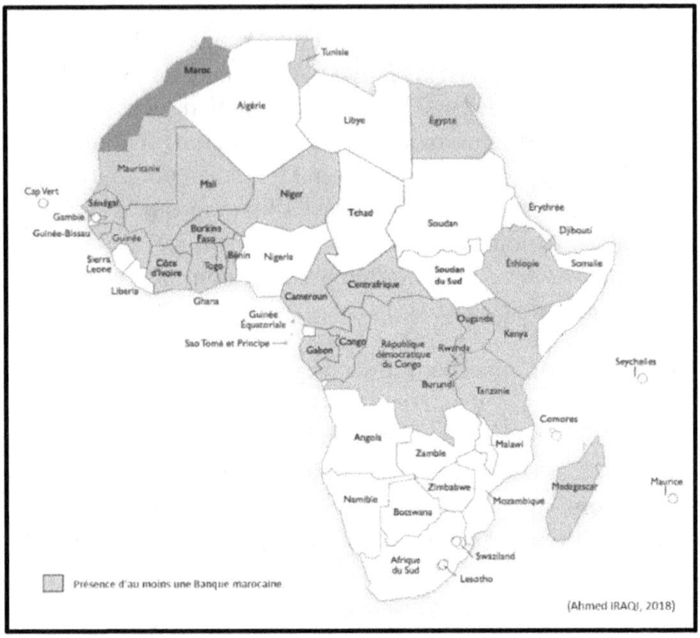

Enfin, d'après la figure précédente, nous pouvons conclure que le secteur bancaire est très bien implanté en Afrique via les IDE marocains, ce qui laisse confirmer trois constats interreliés dans la mesure où cela reflète la très bonne santé financière des groupes bancaires marocains d'une part, l'identification d'un potentiel énorme dans ce secteur sur le continent entretemps, et d'autre part, la facilité éventuelle dans le processus d'implantation des groupes bancaires marocains. Ce dernier constat peut être expliqué par le besoin d'investissements dans ce secteur par les pays d'accueil ou sa fragilité éventuellement dans certains cas.

109 Schématisation de l'auteur.

Sous-section 2.2 : Secteur des assurances

Côté Assurances, les entreprises marocaines sont classées deuxièmes sur le continent après celles de l'Afrique du Sud. À savoir que l'Afrique est considérée comme un marché très prometteur dans ce sens avec un taux de croissance annuel de 9 % contre un taux de croissance mondial de 4,4 %. Face à ce potentiel, les quatre plus grands assureurs marocains ont massivement investi, implantation qui leur a permis de générer un chiffre d'affaires annuel de 27 milliards de dirhams.[110] [voir Figure 13]

Très en vue, SAHAM Assurances a commencé son développement en Afrique par l'acquisition en 2010 du groupe COLINA, faisant office à l'époque de premier assureur de la zone africaine de la conférence interafricaine des marchés d'assurance (CIMA). Cette acquisition a permis au groupe de pouvoir s'élargir dans 13 pays africains. SAHAM Assurances ne s'arrête pas là et acquiert en 2012 la compagnie Global Alliance Seguros Angola, première société d'assurances privée en Angola avant de conclure une énième acquisition, en 2013, de Mercantile Insurance au Kenya. Sur cette même voie, SAHAM a investi dans 40 % des parts d'Unitrust Insurance tout comme Continental Reinsurance en 2015 au Nigéria.[111] De nos jours, SAHAM réalise des gains estimés à 2,1 milliards de dirhams de primes sur le continent ce qui fait d'elle désormais le premier assureur du continent à travers ses 19 implantations, hors Afrique du sud.[112]

En dehors du Groupe SAHAM Assurance, AttijariWafa Bank s'est immiscée à son tour dans le secteur des assurances puisque cela fait partie de son expertise financière, à cet effet, sa filiale WAFA Assurance, leader au Maroc, s'est adossée à AttijariWafa Bank Tunisie pour sa première expérience d'internationalisation avant de cibler les marchés africains, et notamment ivoirien,

[110] *Ibid.*, p.108

[111] Louis DELATRONCHETTE, *Cartographie de la présence des grandes entreprises marocaines en Afrique*, Telquel, 2017

[112] *Ibid.*, Institut Amadeus

gabonais, camerounais et congolais à travers la création de nouvelles filiales lui appartenant en tant que maison mère.[113]

Figure 13 : Cartographie de la présence des Assureurs marocains en Afrique - 2018[114]

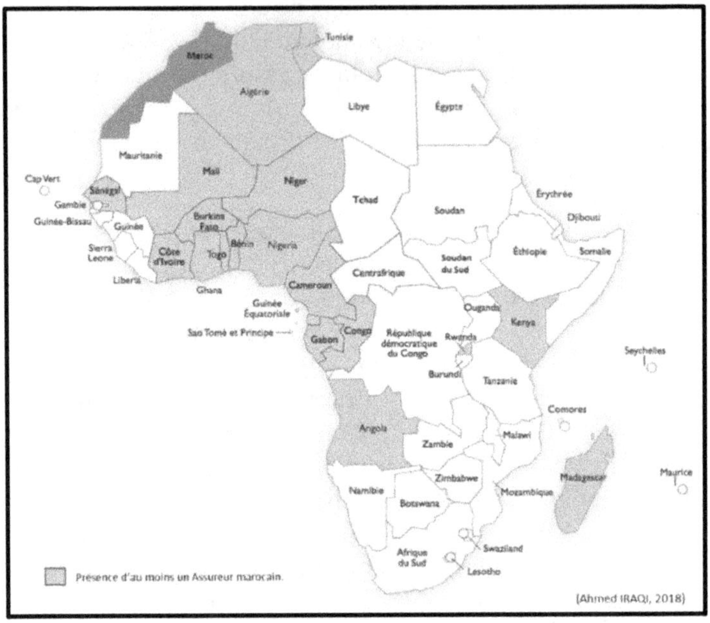

La société marocaine RMA Watanya a quant à elle entamé sa politique de développement à l'international suite à son acquisition en 2014 de quatre sociétés d'assurance en Côte d'Ivoire, au Cameroun et au Togo. La société ambitionne d'être présente dans plus d'une dizaine de pays africains à l'horizon 2020.[115]

Pour sa part, Atlanta Assurance a opté pour une stratégie différente par rapport aux autres compagnies d'assurance

[113] *Ibid.*
[114] Schématisation de l'auteur.
[115] *Ibid.*

marocaines dans la mesure où elle a rejoint, en 2013, le réseau panafricain d'assurances Globus.

Enfin, face à la croissance exponentielle de ce secteur en Afrique et devant les opportunités omniprésentes de ce marché pour les compagnies marocaines, il est certain que les perspectives de développement leurs sont intéressantes dans ce secteur financier dont la valeur ajoutée demeurera toujours très forte.

Sous-section 2.3 : Secteur des télécommunications

Pour ce qui est des télécommunications, l'Afrique reste la région du monde la plus prometteuse, à titre d'exemple, le nombre de clients mobiles devrait dépasser la barre du milliard en 2020.

L'opérateur historique du pays, Maroc Télécom, est présent en Afrique via ses filiales locales implantées dans pas moins de 9 pays africains. Il compte au total plus de 54 millions de clients sur le continent, répartis mis à part au Maroc, en Côte d'Ivoire, au Gabon, au Mali, au Niger, au Bénin, au Togo, au Burkina Faso, en Centrafrique, et en Mauritanie.[116] [voir Figure 14]

Le géant marocain a entamé son offensive africaine en 2001, après le rachat de 51,5 % de l'opérateur historique mauritanien, Mauritel. À noter que Mauritel est normalement portée par la holding Compagnie mauritanienne de communications qui elle-même est détenue par Maroc Telecom à hauteur de 80 %.[117]

---

[116] Maroc Telecom, *Rapport financier*, 2017, pp. 7-8

[117] *Ibid.*

Figure 14 : Cartographie de la présence de Maroc Telecom en Afrique - 2018[118]

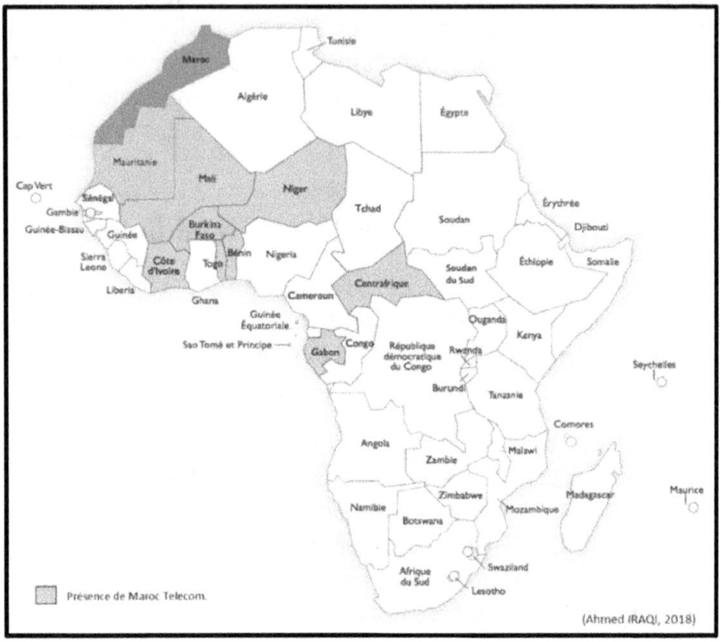

L'accélération de cette internalisation a continué en 2006 par l'acquisition de 51 % d'Onatel, opérateur du Burkina Faso, une année après s'opère l'acquisition de 51 % du capital de Gabon Telecom puis en 2009, Maroc Telecom absorbe 51 % du capital de Sotelma du Mali. Mais c'est en 2015 que la vague d'internationalisation de Maroc Telecom a été très remarquable puisqu'elle a acquis 100 % du capital du groupe Atlantique Telecom du Niger, Atlantique Telecom du Centrafrique, Etisalat Benin du Bénin et Prestige Telecom de la Côte d'Ivoire. En outre, elle a acquis la même année 95 % du capital d'Atlantique Telecom du Togo et 85 % du capital d'Atlantique Telecom de la Côte d'Ivoire.[119] Même si le groupe marocain s'est massivement

[118] Schématisation de l'auteur.

[119] *Ibid.*

installé en Afrique de l'Ouest, la concurrence internationale demeure très rude dans ce secteur à l'image du potentiel et des perspectives du continent dans cette optique.

Sous-section 2.4 : Secteur de l'énergie et des mines

Face au déficit flagrant d'infrastructures d'énergie et devant l'impressionnant gisement des ressources naturelles et minières du continent[120], le Maroc a accéléré son offensive dans ce sens en essayant de dupliquer l'expérience réussie qu'il a capitalisé sur son territoire[121].

Le mégaprojet majeur en Afrique, déjà considéré comme le plus grand projet d'infrastructure en Afrique et fruit de l'initiative marocaine, est celui du Gazoduc géant liant le Maroc au Nigéria, long de 4.000 km annoncé en 2016. Ce pipeline gigantesque estimé à plus de 10 milliards de dollars, desservira 16 pays au total, à préciser que tous les pays de la CEDEAO sont concernés[122], entre le golfe de Guinée et le Maroc où se trouve déjà un tiers des réserves de gaz du continent.[123] À long terme, le mégaprojet prévoit certainement de relier également l'Europe. Au-delà du fait qu'il représentera d'importantes opportunités d'affaires pour les industriels et les investisseurs, sa valeur ajoutée repose sur sa perspective d'électrification dans toute la région de l'Afrique de l'Ouest.

Dans cette dynamique, d'autres établissements marocains se sont mobilisés à l'instar de l'office national de l'électricité

---

[120] Ahmed IRAQI, *Étude descriptive de l'état des lieux et des perspectives de développement des infrastructures en Afrique subsaharienne : Entre attraction et répulsion des investissements étrangers*, Mohammed RAJAA (Dir.), La logistique de demain, l'essence de l'excellence de la chaîne logistique (Ouvrage collectif), 2019, pp. 21-39

[121] Le Maroc avait mis en place une stratégique volontariste traduite par la mise en place du Programme d'Electrification Rurale Globale (PERG) par l'Office National de l'Electricité et de l'Eau Potable, qui lui permise d'atteindre un taux d'électrification global de plus de 98% contre 18% seulement en 1995.

[122] Les pays enclavés, Mali, Burkina Faso et Niger, disposeront de bretelles terrestres.

[123] Reda BERRADA, *Gazoduc Nigéria-Maroc : Voici les prochaines étapes*, Afrique.medias24, 2018

(ONE) qui s'est implanté au Sénégal en 2008 en créant la compagnie maroco-sénégalaise de l'électricité (COMASEL), de la même manière, l'Office national de l'eau potable (ONEP) avait été adjudicataire de la Camerounaise des eaux pendant 10 ans à partir de 2017. En outre, l'ONE n'a pas ménagé d'efforts en termes d'assistance technique et de transfert de savoir-faire à plusieurs autres pays africains, dont la Mauritanie, le Mali, la Gambie, la Sierra Leone, le Tchad, le Cap-Vert et le Niger.

Au niveau du secteur des mines, l'Office national des hydrocarbures et des mines (ONHYM), et l'Agence marocaine d'énergie solaire (MASEN) représentent les principaux leviers de la conquête marocaine des grands marchés africains de ce secteur.[124]

MANAGEM, étant le groupe leader du secteur minier au Maroc, développe aussi plusieurs projets miniers sur le continent depuis 2007, à l'image de son acquisition de 63 % des parts de la filiale SEARCHGOLD au Gabon et ses projets d'investissement en cobalt et en cuivre en République démocratique du Congo. La société marocaine a développé d'autres projets similaires en Guinée, au Soudan, au Burkina Faso et en Éthiopie. Jusqu'en 2012, MANAGEM était la seule compagnie à extraire de l'or dans au Gabon.[125]

Dans le sous-secteur des énergies renouvelables, le Maroc a aussi choisi de partager son expertise avec le continent, ainsi, la société marocaine spécialisée en la matière, NAREVA, s'est associée avec l'entreprise française ENGIE pour développer des centrales électriques à l'horizon 2020-2025 dans le nord et dans l'ouest de l'Afrique, entre autres en Égypte, en Côte d'Ivoire, au Sénégal, au Ghana et au Cameroun.[126]

---

124 Ministère des finances, *Relations Maroc-Afrique, l'ambition d'une ''nouvelle frontière''*, 2015, p.23

125 Institut Amadeus, *Le Maroc et l'Afrique, pour une mobilisation nationale d'envergure*, 2014, p.113

126 Lematin, *Nareva et Engie s'unissent pour conquérir l'Afrique*, 2016

Figure 15 : Cartographie de la présence des Entreprises marocaines opérant dans le secteur de l'Énergie et des mines en Afrique 2018[127]

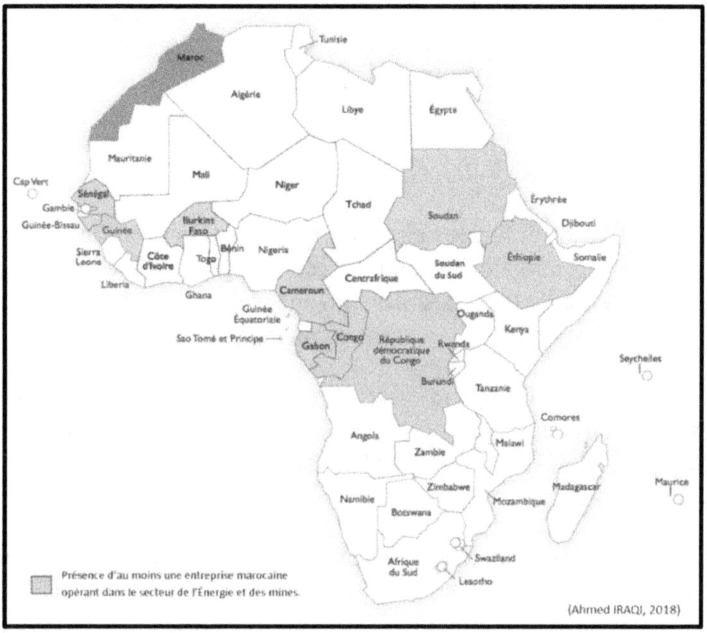

Sous-section 2.5 : Secteur BTP et immobilier

Côte Bâtiments et travaux publics en plus de l'immobilier, ce sont les mêmes grands groupes qui dominent le secteur au Maroc qui sont actuellement présents et en pleine expansion sur le continent.

La société maghrébine de génie civil SOMAGEC, leader en infrastructures portuaires et maritimes, s'est implantée sur le continent à travers sa filiale créée en 2005 en Guinée équatoriale SOMAGEC GE et ses opérations de construction entamées en 2006 au Sénégal. Le groupe travaille parallèlement sur l'expansion de sa stratégie sur d'autres marchés notamment au Bénin, au Togo, en Mauritanie et en Angola.[128] Aussi, dans le

[127] Schématisation de l'auteur.
[128] *Ibid.*, Institut Amadeus, p. 110

même secteur, le Consortium pour les canalisations, les granulats et les travaux (CCGT) opère dans des projets d'aménagement en Guinée et au Sénégal.[129]

Entretemps, la société publique MARCHICA Med, s'est engagée dans le projet pharaonique d'aménagement de la baie de Cocody à Abidjan en Côte d'Ivoire avec une enveloppe globale de 450 millions de dollars.

Dans l'immobilier, le besoin du continent dans le logement et en particulier dans l'habitat social est vertigineux à tel point que certaines villes africaines concurrenceront dans les 10 à 20 prochaines années les plus grandes mégalopoles mondiales.

Pour sa part, le Maroc est en train de s'accaparer de grosses parts du marché africain dans ce secteur notamment grâce aux groupes ADDOHA et ALLIANCES qui sont très actifs sur le continent.

ADDOHA, leader sur le marché de la promotion immobilière au royaume et sa filiale de cimenterie, Ciments de l'Afrique (CIMAF), qui l'accompagne d'ailleurs dans tous ses projets de construction de logements[130], a entamé ses implantations africaines depuis 2011 dans des pays à fort potentiel comme la Côte d'Ivoire, la Guinée et le Cameroun. Le groupe est aujourd'hui implanté dans 16 pays africains à l'image du Sénégal où il est impliqué dans la construction d'un grand complexe résidentiel englobant 17 immeubles de 10 étages chacun, du Ghana avec une convention de construction de 10.000 logements, du Congo-Brazzaville, du Niger, du Tchad, du Gabon et du Burkina Faso.

Le Groupe ALLIANCES est aussi très présent sur le continent et principalement en Afrique de l'Ouest et plus particulièrement en Côte d'Ivoire où il a entamé les travaux du projet Akwaba, composé de 7800 logements pour un investissement de 1,9

[129] *Ibid.*, Ministère des finances

[130] Le PDG du groupe ADDOHA, Anas SEFRIOUI est aussi PDG de Ciments de l'Afrique.

milliard de dirhams et entrant dans le cadre de la signature d'une convention avec l'état Ivoirien portant sur la réalisation de 14 000 logements à Abidjan (10 000 logements sociaux et 4000 logements moyen et haut standing). Au Sénégal, Alliances est en train d'aménager un méga pôle urbain à Dakar d'environ 400 hectares. Au Congo Brazzaville, la filiale d'ALLIANCES, EMT, sera engagée dans un programme de construction de logements au Congo-Brazzaville comprenant 3.250 unités d'habitation et plusieurs équipements. Enfin, au Mali, Alliances a procédé à la mise en valeur du patrimoine du Ministère de la Défense et ses anciens combattants du Mali.[131] Présentement dépassée par ADDOHA et ALLIANCES, Ynna holding avait pour sa part, lancé son développement sur le continent en 2005 à travers la construction de près de 500 logements de moyen standing en Guinée équatoriale.[132]

En addition aux géants de l'immobilier précédemment cités, d'autres groupes marocains se sont faufilés dans cette quête marocaine de l'immobilier en Afrique pour essayer de profiter des opportunités offertes, à l'instar du groupe Palmeraie Développement, qui a signé en 2014 des accords portant sur la construction de 10.000 logements sociaux et d'un complexe hôtelier en Côte d'Ivoire.[133]

Il est également noté la présence africaine du groupe HOLMARCOM, à travers sa filiale Peacock Investments qui s'est engagée en 2013 à réaliser un projet de construction de 5000 logements au Sénégal.[134]

---

[131] Source : alliances.co.ma

[132] *Ibid.*, Ministère des finances

[133] *Ibid.*, Institut Amadeus, p. 111

[134] Moubarak LO, *Relations Maroc-Afrique subsaharienne : Quel bilan pour les 15 dernières années ?*, OCP Policy center, 2016, p. 48

Figure 16 : Cartographie de la présence des Entreprises marocaines opérant dans le secteur du BTP et Immobilier en Afrique - 2018[135]

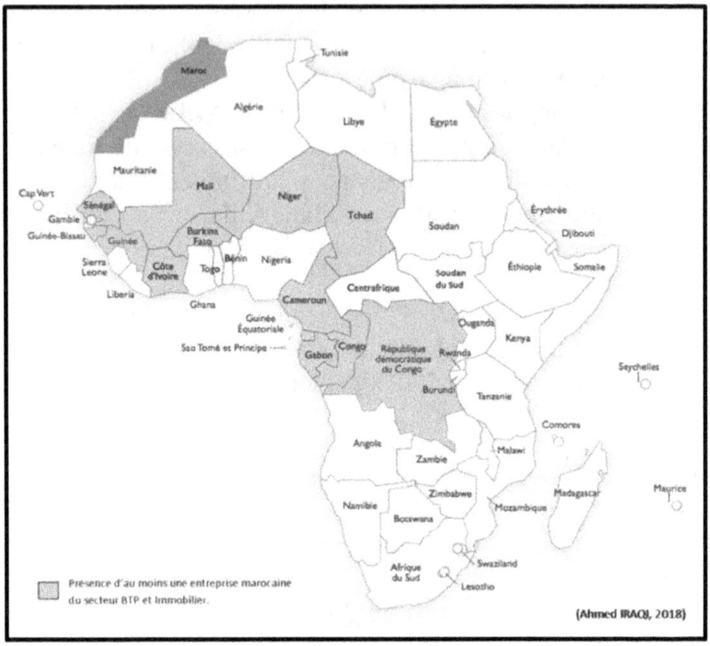

Sous-section 2.6 : Secteur industriel

En parallèle à l'implantation du groupe ADDOHA en Afrique, sa filiale, Ciments de l'Afrique (CIMAF) installe des usines pour accompagner les projets du promoteur immobilier en cours de construction. De nos jours, le cimentier a déjà engagé l'équivalent de 3,3 milliards de Dirhams en matière d'investissement sur le continent et est présent dans 11 pays, avec 13 cimenteries qui totalisent une capacité de production de 8,95 millions de tonnes/an sur l'ensemble de ses implantations. Ce qui en fait de lui l'un des premiers producteurs de ciment sur le continent, aux côtés des grandes multinationales étrangères comme l'Allemand HeidelbergCement et le Suisse

[135] Schématisation de l'auteur.

LafargeHolcim.[136] Ce dernier, a d'ailleurs collaboré avec la Société nationale d'investissement (SNI) en vue de lancer six nouveaux projets cimentiers en Afrique de l'Ouest via leur filiale commune LafargeHolcim Maroc Afrique déjà présente au Cameroun, au Bénin, en Guinée et en Côte d'Ivoire.

Figure 17 : Cartographie de la présence des Entreprises marocaines opérant dans le secteur industriel en Afrique - 2018[137]

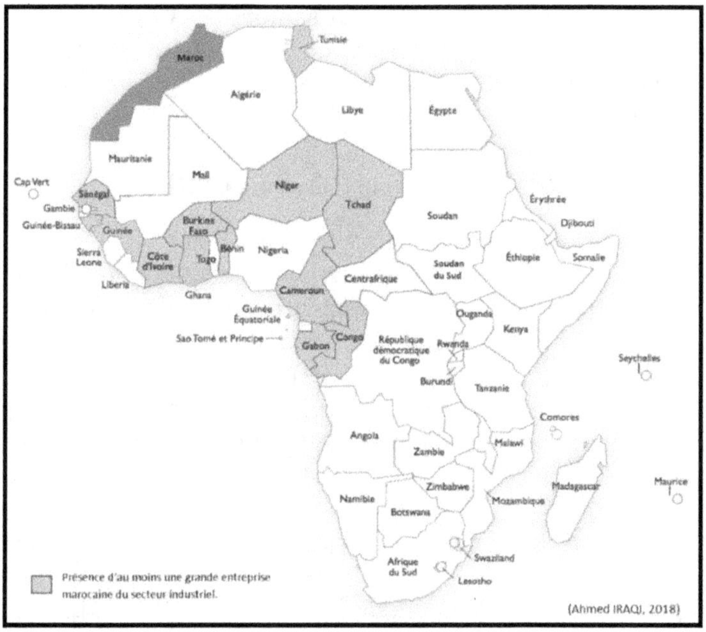

Le groupe marocain Ynna Holding est lui aussi présent dans ce secteur et de depuis 1999 en Côte d'Ivoire par l'intermédiaire de sa filiale SNEP qui a créé la société Houda plastic spécialisée dans la production de tubes en PVC et polyéthylène. Ynna Holding est aussi présente en Tunisie, pour des projets d'aménagement de l'eau.

---

[136] Jean Modeste KOUAME, *CIMAF augmente ses capacités en Côte d'ivoire*, l'économiste, N.5275, 2018

[137] Schématisation de l'auteur.

Le groupe SAFARI est lui aussi particulièrement actif dans l'industrie du bois en Afrique, et ce essentiellement à travers sa filiale Cema Bois de l'Atlas, première entreprise marocaine à s'être implantée au Gabon, en 1959, et qui réalise 40 % de son chiffre d'affaires à travers l'export. À partir des années 1990, le groupe élargi son implantation et a mis en place une unité industrielle de déroulage et de séchage au cœur de la forêt gabonaise, pour un investissement de 100 millions de dirhams. La recherche de diversification des ressources d'approvisionnement pousse même le groupe à chercher des partenaires forestiers dans d'autres pays d'Afrique subsaharienne comme le Cameroun et la Côte d'Ivoire.[138]

Sous-section 2.7 : Secteur pharmaceutique

Vu la croissance démographique du continent, la consommation africaine de médicaments devrait croître de façon exponentielle même si elle ne représente actuellement que 2 % de la consommation mondiale.[139] Dans le même sens d'idée, l'Afrique ne produit que 3 % de sa consommation de médicaments, essentiellement fabriquée au Maroc et en Afrique du sud, alors que 95 % des médicaments consommés sont importés.

Les investisseurs pharmaceutiques marocains en Afrique ne sont pas nombreux [voir Figure 18], on cite d'une part le groupe Cooper Pharma qui est impliqué dans la construction d'une unité pharmaceutique en Côte d'Ivoire et une autre au Rwanda et qui jouit déjà d'une présence commerciale respectée dans une vingtaine de pays africains et en particulier en Côte d'Ivoire, au Sénégal, au Burkina Faso, au Togo, au Bénin et au Gabon.[140]

D'autre part, Le groupe Sothema possède une filiale au Sénégal dénommée West Africa Pharma (WAPH) qui possède une usine pharmaceutique spécialisée dans la production de médicaments génériques destinées à soigner les pathologies les plus répandues de la région comme le choléra et le paludisme et

---

[138] *Ibid.*, Institut Amadeus

[139] *Ibid.*

[140] *Ibid.*, Ministère des finances

cible l'ensemble des pays de l'Union économique et monétaire d'Afrique de l'Ouest (UEMOA).[141]

Figure 18 : Présence des Entreprises pharmaceutiques marocaines en Afrique - 2018[142]

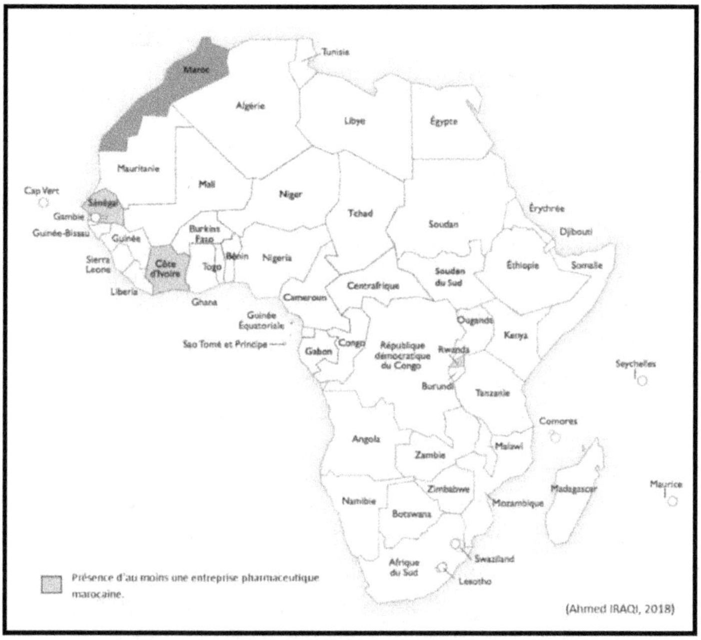

Enfin, le groupe Pharma 5 a investi 100 MDH en 2017 au Sénégal pour la construction d'une unité industrielle qui produira des médicaments dans 5 classes thérapeutiques (l'infectiologie, la virologie, la gynécologie, l'antalgie et l'antibiothérapie) avant de développer l'exportation de ses médicaments vers les pays de la sous-région en jouant le rôle de hub régional.[143]

---

[141] *Ibid.*, Institut Amadeus

[142] Schématisation de l'auteur.

[143] Salaheddine LEMAIZI, *Le Maroc se positionne sur le continent africain*, Leseco 2018

Sous-section 2.8 : Secteur agroalimentaire

L'augmentation démographique, l'accroissement de la classe moyenne et les changements des habitudes alimentaires des citoyens en Afrique font de ce continent une zone à très fort potentiel dans le secteur agroalimentaire. En d'autres mots, avec un marché potentiel de plus de 800 millions de consommateurs et une demande en biens de consommation en augmentation soutenue, les pays d'Afrique subsaharienne représentent un débouché inestimable pour les investisseurs marocains qui possèdent d'ailleurs un avantage comparatif par rapport à la concurrence internationale sur ce type de segment de par leur connaissance du marché africain.[144] D'autant plus, l'adaptabilité et la concordance des produits agroalimentaires marocains avec le besoin des consommateurs africains est un vrai plus étant donné que les préférences des consommateurs africains ont généralement tendance à se rapprocher à celles des Marocains.[145] Néanmoins, on observe une absence africaine nette des entreprises marocaines dans ce segment comme l'illustre la [Figure 19].

La holding SANAM, à travers sa filiale UNIMER travaille depuis 2014 sur l'implantation en Côte d'Ivoire d'un complexe de transformation et de valorisation de poisson pélagique. La société exporte déjà ses produits au Sénégal, au Togo, en Guinée, au Nigéria, au Niger, en République démocratique du Congo et en Afrique du Sud.[146]

La compagnie sucrière marocaine de raffinage (COSUMAR), première et unique sucrerie du Maroc, a pour sa part acquis 55 % de la compagnie COMAGIUS pour conditionner et commercialiser le sucre en Guinée et dans les pays africains limitrophes.

---

[144] Ahmed IRAQI, *The growth of the African middle class as a determining factor in attracting foreign direct investments*, Proceedings of the 38th International scientific conference on Economic and Social Development, pp. 32-39

[145] Dans une approche multidimensionnelle prenant en considération entre autres, la proportion, le packaging et le design; les conditions de vie et le climat.

[146] *Ibid.*

Figure 19 : Cartographie de la Présence des Entreprises agroalimentaires marocaines en Afrique - 2018[147]

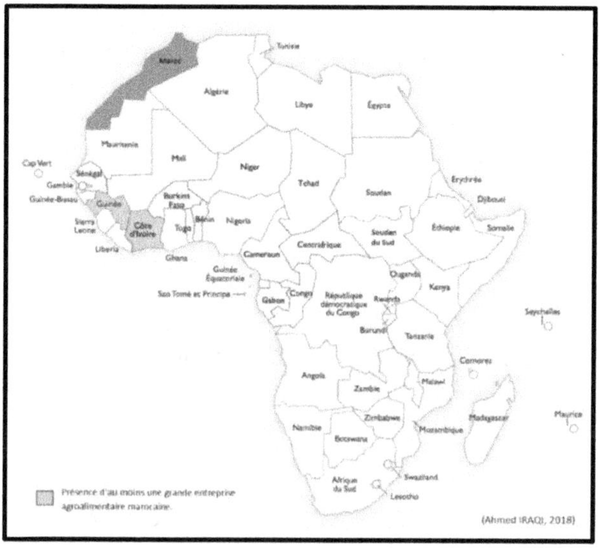

Sous-section 2.9 : Secteur des phosphates

L'expérience capitalisée en la matière par le géant marocain, l'office chérifien des phosphates (OCP) n'est pas à débattre sachant qu'il se positionne en qualité de leader mondial de l'industrie des phosphates et dérivés. À nos jours, la conquête de l'Afrique demeure l'objectif principal de cette compagnie qui lui a dédié toute une filiale en 2016 sous l'appellation OCP Africa et qui a pour objectif un projet d'ouverture de 14 filiales sur toutes les régions du continent dont les principaux pays sont le Nigéria, l'Ethiopie, le Ghana, la Côte d'Ivoire, le Sénégal, la République démocratique du Congo, le Bénin, le Cameroun, la Tanzanie, l'Angola, la Zambie, le Zimbabwe, le Mozambique et le Kenya. Ambition qui s'est concrétisée la même année par un partenariat avec l'Ethiopie de plus de 2,4 milliards de dollars, portant sur la construction d'une usine ultramoderne de production d'engrais, à base de potasse et de gaz d'Ethiopie ainsi que de l'acide phosphorique du Groupe. Cette usine est considérée comme étant la plus grande d'Afrique après celle de

147 Schématisation de l'auteur.

Jorf Lasfar.[148] Un autre accord s'ajoute dans la même optique entre l'OCP et le Fonds souverain nigérian pour le développement d'une plateforme industrielle au Nigeria pour la production d'ammoniaque et produits dérivés, ajoutant à cela les programmes de fertilité de sols nigérians et le déploiement de l'OCP School Lab qui parcourra les régions les plus reculées du pays afin de fournir aux petits agriculteurs des informations sur le sol de leurs terres et les informer des pratiques à suivre pour en booster le rendement.[149] L'Afrique fait désormais office de 25 % du chiffre d'affaires du groupe, soit sa part la plus importante. Face à cet énorme potentiel, le groupe chérifien vient même d'annoncer un plan d'investissement longue-termiste de 100 milliards de dirhams pour doubler sa capacité de production sur la période 2018-2027 et pour capter 50 % de la demande mondiale additionnelle. La Figure qui suit illustre la distribution des usines de l'OCP dans les pays africains.

Figure 20 : Cartographie de la Présence de l'OCP en Afrique - 2018[150]

[148] Julien WAGNER, *Engrais : OCP, quelle stratégie en Afrique ?*, Jeuneafrique, 2018
[149] Imane AZMI, *OCP Africa, nouveau bras armé du Maroc en Afrique*, Telquel, 2016
[150] Schématisation de l'auteur.

Sous-section 2.10 : Secteur des nouvelles technologies de l'informatique et de la communication (NTIC)

Dans ce secteur, les principales entreprises marocaines opérant en Afrique [voir Figure 21] sont M2M Groupe implanté en Éthiopie, au Congo et en Algérie et GEMADEC qui, à son tour est implantée outre en Afrique du Nord en Mauritanie, en Algérie, en Libye et en Tunisie, dans pas mal de pays subsahariens à l'image de Madagascar, Burkina Faso, Gabon, Togo, Côte d'Ivoire, Sénégal et Mali. Ce secteur demeure très concurrentiel puisqu'il se développe exponentiellement dans les quatre coins du continent parallèlement avec la tendance technologique mondiale.

Figure 21 : Cartographie de la présence des entreprises marocaines opérant dans le secteur des NTIC en Afrique - 2018[151]

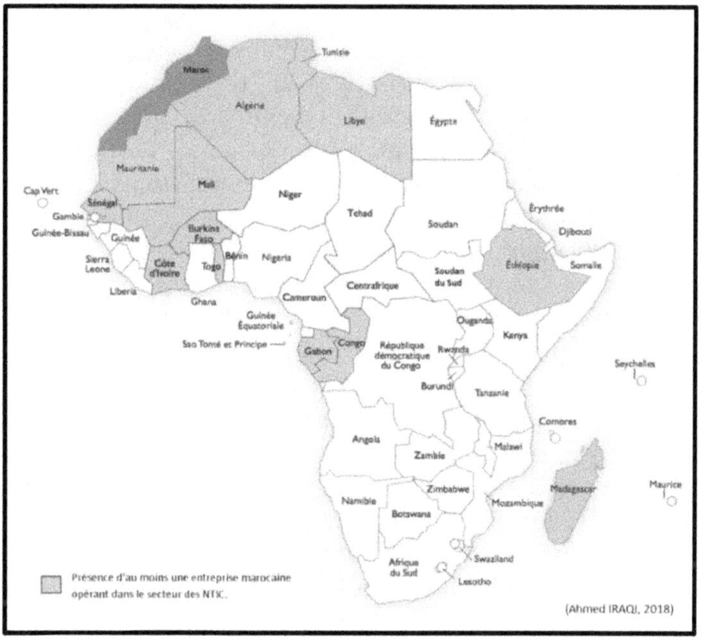

[151] Schématisation de l'auteur.

Section 3 : Lecture tendancielle de la répartition des IDE marocains en Afrique

Il est sûr que la fluctuation des IDE sortants se fait en fonction d'opérations ponctuelles dépendantes de plusieurs facteurs endogènes et exogènes à l'investisseur étranger dont on peut citer essentiellement sans exhaustivité :

- La mise en place d'une stratégie d'internationalisation tangible ;
- L'identification et l'expectation d'un besoin réel à la base d'une étude de marché représentative ;
- La finalisation d'une étude de faisabilité d'investissement et de retour sur investissement ;
- La disponibilité de fonds suffisants pour l'investissement ou l'obtention effective d'un crédit d'investissement au près d'une institution financière ;
- L'adoucissement du cadre réglementaire afférent au secteur d'activité ciblé par le pays d'accueil ;
- L'obtention d'autorisations de la banque centrale ou d'institutions chargées du commerce international du pays d'origine à l'image de l'office de change pour le Maroc, par rapport à certains investissements comme dans le secteur bancaire ;
- L'obtention d'autorisations d'investissement dans des secteurs réglementés au pays d'accueil ;
- La négociation des conditions d'implantation et des politiques d'attraction avec les autorités locales ;
- La prise en considération de l'environnement sécuritaire et géopolitique du pays récipiendaire et de la région avoisinante ;
- L'accord d'investissement conjoint avec des partenaires et des collaborateurs locaux ou internationaux ;
- Annonce du Retrait ou de la faillite éventuelle d'un concurrent local ou international opérant dans le même secteur d'activité ;
- Le réaménagement infrastructurel de base lié au secteur d'investissement concerné au pays ciblé.

À la base de ces considérations, nous allons comparer les investissements marocains en Afrique à la base des segments d'activité afin de dégager des lectures analytiques à cet égard. Pour cela, nous comparaitrons les statistiques des investissements marocains dans le monde avec ceux implantés en Afrique et ceux diligentés vers l'Afrique subsaharienne à la base de la variable à la fois sectorielle, régionale et temporelle médiane entre 2008 et 2013[152] [voir Figure 22 et 23] sans pour autant nous pencher de manière lapidaire sur la variable géographique qui sera élucidée dans les sous-sections ultérieures.

Figure 22 : Structure sectorielle des IDE marocains dans le monde 2008-2013[153]

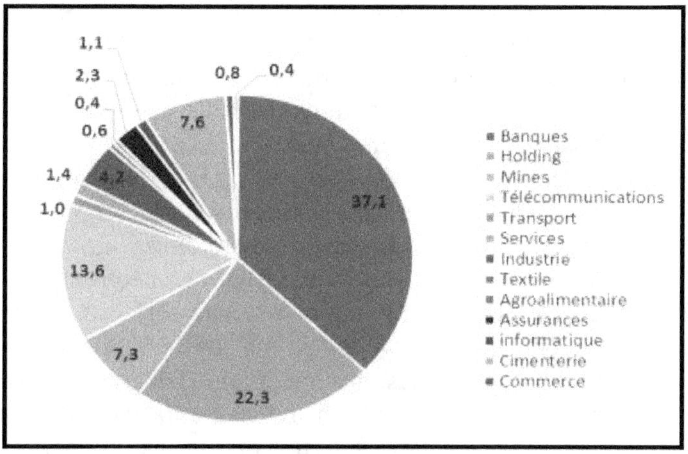

Les Données de la répartition sectorielle médiane entre 2008 et 2013 des IDE marocains à la fois dans le monde et en Afrique et en Afrique Subsaharienne concluent clairement que le royaume cible des secteurs à très forte valeur ajoutée notamment dans les banques avec une part respective de 37,1 %, 40,9 % et 41,6 %.

[152] Nous avons choisi cette période pour des raisons liées à la disponibilité de statistiques tridimensionnelles (Monde-Afrique-Afrique Subsaharienne) par rapport aux IDE marocains.

[153] Moubarak LO, *Relations Maroc-Afrique subsaharienne : Quel bilan pour les 15 dernières années ?*, OCP Policy center, 2016, p. 45

Figure 23 : Structure sectorielle des IDE marocains en Afrique et en Afrique subsaharienne 2008-2013[154]

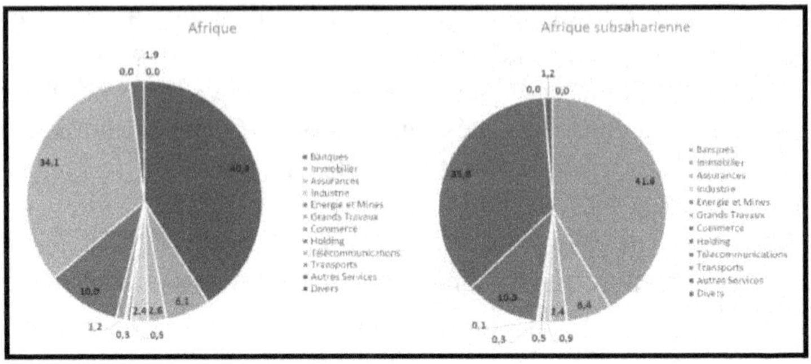

Cette hégémonie du secteur bancaire dans les investissements marocains est sans appel. Ensuite, arrive en seconde position le secteur du holding avec 22,3 % pour les IDE marocains dans le monde et le secteur des télécommunications en Afrique et en Afrique subsaharienne avec une moyenne respective de 34,1 % et 35,9 %. En troisième position, se classe le secteur des télécommunications pour les IDE marocains dans le monde avec une moyenne de 13,6 %, et le secteur du Holding pour l'Afrique et l'Afrique subsaharienne avec une médiane respective de 10 % et 10,5 %. Nous remarquons aussi sur cette série de constats, indépendamment du cadre géographique de leur implantation, que les secteurs des services, des transports, des grands travaux et de l'industrie connaissent en revanche beaucoup moins d'intérêt de la part des investisseurs marocains, en partie en raison du manque d'expertise marocaine et de son dépassement en la matière dans un cadre concurrentiel international féroce, et aussi à cause du manque de connaissance et d'expérience des marchés internationaux dans ces segments de la part des entreprises marocaines. On note aussi que sur cette même période, l'Afrique subsaharienne a accueilli plus de 60 % des IDE marocains dans le monde. Comme relaté précédemment, L'évolution sectorielle des IDE est sujette à plusieurs déterminants factoriels dépendants et indépendants de l'opérateur économique. À présent, nous allons comparaitre

[154] *Ibid.*

l'évolution de l'investissement marocain en Afrique entre 2011 et 2015 [voir Figure 24] pour dégager des conclusions analytiques avant de les comparaitre avec la tendance mondiale à destination de la même région.

Figure 24 : Répartition sectorielle des IDE marocains en Afrique subsaharienne en 2011 et 2015[155]

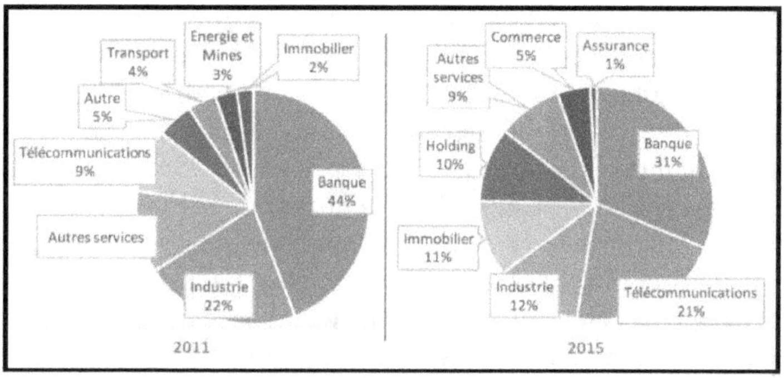

D'après ces statistiques, sans pour autant trop reculer dans le temps et nous fixer sur une statistique annuelle unique et obsolète sachant que nous avons choisi de faire l'analogie des statistiques de deux années distinctes pour ne pas rester figés sur une interprétation orpheline, les IDE marocains en Afrique subsaharienne ont toujours été concentrés dans le secteur bancaire et financier comme l'illustre les statistiques sectorielles en 2011 avec 44 % des investissements et en 2015 avec 31 % du total investi. Le secteur de l'industrie a enregistré une large baisse en quatre ans passant de 22 % en 2011 à 12 % en 2015. On remarque par ailleurs que le secteur des télécommunications a connu une croissance en passant de 9 % en 2011 à 21 % en 2015. On déduit également que le secteur immobilier a de sa part connu une augmentation en passant de 2 % en 2011 à 11 % en 2014. En 2016, la part de l'industrie a représenté 70 % des investissements étrangers marocains en Afrique, avec plus de 2,2 milliards de dirhams investis. Enfin, on observe donc que le processus de diversification des investissements marocains en Afrique est bel et bien enclenché. À noter que les IDE marocains

[155] Office des Changes, 2015

en Afrique subsaharienne s'orientent vers des secteurs à forte valeur ajoutée à travers des prises de participation au capital des entreprises locales ou à travers un montage de nouvelles filiales. Entretemps, on peut dresser un plan hiérarchisant les secteurs les plus prometteurs dans le continent et dans lesquels des investissements massifs sont à prévoir, à commencer par l'énergie et notamment le sous-secteur des énergies renouvelables qui apparait comme le plus attractif au regard de l'état de la région sahélienne qui reste à prédominance sous-alimentée alors que le continent dispose de conditions optimales pour la production d'énergies renouvelables à l'image de l'ensoleillement. L'eau représente aussi un sous-secteur très prometteur pour l'Afrique dans cette optique. Ensuite vient le domaine financier avec ses segments bancaires et d'assurance. Le secteur du BTP et immobilier représente aussi un très grand marché vu les lacunes et la forte demande dans ce sens. Les transports l'agriculture, les télécommunications et la santé représentent aussi des secteurs à fort potentiel pour les investisseurs étrangers surtout qu'au niveau de l'agriculture, 60 % des terres arables non cultivées dans le monde sont existent en Afrique et où se trouve un capital humain abondant.

CHAPITRE IV

LECTURE GÉOSTRATÉGIQUE DE L'IMPLANTATION DES ENTREPRISES MAROCAINES EN AFRIQUE

Après avoir mis la lumière sur la répartition sectorielle des IDE marocains en Afrique, nous étudierons minutieusement leur ventilation géographique pour présenter in fine un panorama régional de leur répartition sectorielle tout en faisant le point sur les caractéristiques et potentialités inhérentes à chaque bloc régional.

Section 1 : Caractéristiques géographiques des IDE marocains en Afrique

Nous nous sommes déjà penchés sur la caractéristique géographique qui marque les IDE marocains envers l'Afrique, notamment à travers leur concentration en Afrique de l'Ouest. Dans cette section, nous allons présenter un panorama des spécificités inhérentes aux investissements marocains par région tout en faisant le point sur les caractéristiques et potentialités offertes par chaque région.

Sous-section 1.1 : IDE marocains en Afrique du Nord

Selon les résultats du [Tableau 6], en Afrique du Nord, la présence marocaine est relativement timide comparativement à la répartition de ses IDE en Afrique subsaharienne. On constate que le royaume est quasi-absent en Libye alors qu'il est toujours présent à travers ses investissements bancaires dans trois pays maghrébins, en l'occurrence, la Mauritanie, la Tunisie et l'Égypte. Le royaume investit particulièrement dans le secteur du holding en Tunisie et en Égypte, cela s'explique par le potentiel du tourisme dans ces deux pays nord-africains qui représentent avec le Maroc les destinations touristiques les plus prisées de la région. Malgré tout, cette partie de l'Afrique représente un potentiel économique important et demeure une terre avide d'investissements directs étrangers. Enfin, le blocage que connait la communauté de l'union du Maghreb arabe demeure l'ultime entrave dans ce sens.

Tableau 6 : Présence des IDE marocains en Afrique du Nord[156]

RÉGION SUBSAHARIENNE	PAYS	PRÉSENCE MAROCAINE PAR SECTEUR D'ACTIVITÉ
Afrique du Nord	Algérie	Assurances - NTIC
	Mauritanie	Banque - Télécommunication - NTIC
	Tunisie	Banque - Assurances - Holding - NTIC - Industrie
	Libye	NTIC
	Égypte	Banque - Holding

Sous-section 1.2 : IDE marocains en Afrique de l'Ouest

On constate distinctement d'après le tableau qui suit que les IDE marocains en Afrique sont résolument tournés vers les pays de l'Afrique de l'ouest.

[156] Schématisation de l'auteur.

Tableau 7 : Présence des IDE marocains en Afrique de l'Ouest[157]

RÉGION SUBSAHARIENNE	PAYS	PRÉSENCE MAROCAINE PAR SECTEUR D'ACTIVITÉ
Afrique de l'Ouest	Bénin	Banque - Assurances - Télécommunications - Phosphates - Industrie
	Burkina Faso	Banque - Assurances - Télécommunications - NTIC - BTP et Immobilier - Énergie et mines - Industrie
	Cap vert	
	Côte d'Ivoire	Banque - Assurances - Télécommunications - NTIC - Phosphates - Agroalimentaire - Pharmaceutique - BTP et Immobilier - Industrie
	Gambie	
	Ghana	Banque - Assurances - Phosphates - Industrie
	Guinée-Bissau	Banque - BTP et Immobilier - Énergie et mines - Industrie
	Guinée	Banque - Agroalimentaire - BTP et Immobilier - Énergie et mines - Industrie
	Libéria	
	Mali	Banque - Assurances - Télécommunications - NTIC - BTP et Immobilier
	Niger	Banque - Assurances - Télécommunications - BTP et Immobilier - Industrie
	Nigéria	Assurances - Phosphates
	Sénégal	Banque - Assurances - NTIC - Phosphates - Pharmaceutique - BTP et Immobilier - Énergie et mines - Industrie
	Sierra Leone	
	Togo	Banque - Assurances - Télécommunications – NTIC

157 *Ibid.*

Cette région représente pour le royaume un cadre politique de coopération privilégiée, avec une part moyenne de 64,7 % des flux investis en Afrique subsaharienne entre la période de 2011 et 2015.[158] De plus, le stock sectoriel des IDE marocains envers cette région se caractérise par une diversification élargie autant dans les secteurs d'activité ciblés que vis-à-vis des pays récipiendaires touchant ainsi tous les segments. On remarque de même que le secteur des banques est omniprésent dans tous les pays de la région sauf au Nigéria qui possède des groupes bancaires puissants et avec lesquels les groupes bancaires marocains sont en rude concurrence sur le continent.

Enfin, tous les pays de l'Afrique de l'Ouest accueillent des firmes marocaines sauf le Cap-Vert, la Gambie, le Libéria et Sierra Leone pour des raisons qu'on peut qualifier de purement économiques vu les faibles potentialités économiques recelées dans ces pays qui affichent les produits intérieurs bruts les plus faibles du continent.

Sous-section 1.3 : IDE marocains en Afrique Centrale

Cette partie de l'Afrique a absorbé pour elle seule, entre la période 2011-2015 le quart des IDE marocains à destination du continent avec une moyenne de 25.3 %.[159]

---

[158] Office des changes, 2017
[159] *Ibid.* Office des changes

Tableau 8 : Présence des IDE marocains en Afrique Centrale[160]

RÉGION SUBSAHARIENNE	PAYS	PRÉSENCE MAROCAINE PAR SECTEUR D'ACTIVITÉ
Afrique centrale	Burundi	Banque
	Cameroun	Banque - Assurances - Phosphates - BTP et Immobilier - Énergie et mines - Industrie
	Congo	Banque - Assurances - BTP et Immobilier - Énergie et mines - Industrie
	Gabon	Banque - Assurances - Télécommunications - NTIC - BTP et Immobilier - Énergie et mines - Industrie
	Guinée Équatoriale	Assurances - BTP et Immobilier
	République centrafricaine	Banque - Télécommunications
	RD Congo	Banque - Phosphates - BTP et Immobilier - Énergie et mines
	Sao Tomé et Principe	
	Tchad	BTP et Immobilier - Industrie

Ces investissements semblent diversifiés, mais toujours chapotés par les grandes compagnies bancaires marocaines. On constate également que tous les pays de la région bénéficient des IDE marocains excepté l'état insulaire de Sao Tomé et principe principalement en raison de sa géolocalisation et des potentialités économiques très limitées qu'il représente.

Sous-section 1.4 : IDE marocains en Afrique de l'Est

L'Afrique de l'est qui représente la moyenne équivalente à 10 % d'IDE sortants marocains en Afrique subsaharienne entre 2011 et

[160] Schématisation de l'auteur.

2015 n'attire presque uniquement que les secteurs bancaire et phosphatier du Maroc avec une présence très timide du secteur pharmaceutique, de l'énergie et des assurances.[161] On observe aussi que les investissements marocains sont absents d'environ la moitié des pays de la région et notamment en îles Comores, en Érythrée, en îles Maurice, aux Seychelles, en Somalie et au Soudan du Sud. L'absence des IDE marocains en île Maurice est inexplicable sur toutes les dimensions vu que le pays offre un climat et des opportunités d'investissement parmi les meilleurs du continent. En revanche, l'absence marocaine des pays précités en dehors de l'île Maurice est en partie due à l'état embryonnaire de leur économie et au manque d'opportunités d'investissement dans ce sens.

Tableau 9 : Présence des IDE marocains en Afrique de l'Est[162]

RÉGION SUBSAHARIENNE	PAYS	PRÉSENCE MAROCAINE PAR SECTEUR D'ACTIVITÉ
Afrique de l'Est	Comores	
	Djibouti	Banque
	Éthiopie	Banque - Phosphates - Énergie et mines
	Érythrée	
	Kenya	Banque - Assurances - Phosphates
	Madagascar	Banque - Assurances - NTIC
	Maurice	
	Ouganda	Banque
	Rwanda	Banque - Assurances - Pharmaceutique
	Seychelles	
	Somalie	

[161] *Ibid.*, Office des changes
[162] Schématisation de l'auteur.

	Soudan du sud	
	Soudan	Énergie et mines
	Tanzanie	Banque - Phosphates

Sous-section 1.5 : IDE marocains en Afrique Australe

Les investissements marocains en Afrique australe ne concernent quasiment que le secteur du Phosphate en Angola, au Mozambique, en Zambie et au Zimbabwe. Notons aussi que cette région est la seule d'Afrique qui ne connait aucune implantation de banque marocaine, ceci est normalement dû à la conquête de cette région par les grandes banques sud-africaines qui dépassent même les banques marocaines au classement international des banques. Au-delà de la distance géographique qui ne doit à ce jour plus représenter un motif d'absence, la dominance des investisseurs sud-africains dans la région demeure la principale raison de cette flagrante absence d'investissements marocains. Dans ce cadre analogique, Il est important et crucial de rappeler que l'Afrique du Sud a toujours été le premier investisseur intra-africain jusqu'à ce qu'elle ait été dépassée en 2016 par le Maroc. Finalement, cette zone continentale englobe à elle seule environ la moitié des pays africains détracteurs de l'intégrité territoriale du royaume, ce qui devrait naturellement booster l'offensive économique marocaine envers ladite région.

Tableau 10 : Présence des IDE marocains en Afrique Australe[163]

RÉGION SUBSAHARIENNE	PAYS	PRÉSENCE MAROCAINE PAR SECTEUR D'ACTIVITÉ
Afrique Australe	Afrique du Sud	
	Angola	Assurances - Phosphates
	Botswana	
	Lesotho	
	Malawi	
	Mozambique	Phosphates
	Namibie	
	Swaziland	
	Zambie	Phosphates
	Zimbabwe	Phosphates

Section 2 : Distribution des IDE marocains en Afrique : Déterminants d'implantation à effet d'entrainement

Pour agrémenter la portée de notre analyse, nous avons estimé nécessaire de nous arrêter sur des éléments considérés comme disséminateurs des investissements marocains sur le continent.

[163] Schématisation de l'auteur.

Sous-section 2.1 : L'effet catalyseur des visites du souverain en Afrique

La mise en relief transposant le nombre de visites effectuées par le roi Mohamed VI en Afrique depuis son intronisation par rapport au nombre de pays africains [voir Figure 25] ainsi qu'au nombre des secteurs d'activités [voir Figure 26] dans lesquels les entreprises marocaines investissent[164] démontre une corrélation logique, faisant des déplacements du souverain le fil d'ariane de la stratégie africaine du Maroc. Dans le même ordre d'idées, en un peu plus de 15 ans, 53 visites royales ont été effectuées dans 29 pays africains[165] [166] sous la houlette du roi Mohamed VI. De nos jours, aucun chef d'État dans le monde n'a égalé ce nombre de tournées en Afrique mis à part le souverain marocain. D'ailleurs, comme un symbole, les visites africaines du souverain chérifien dépassent de très loin ses visites aux pays du Maghreb et des pays du Moyen-Orient, ce qui nourrit davantage la réflexion que nous voulons mettre en exergue dans ce sens eu égard au caractère ostentatoire de ces visites.

Concrètement, on constate que 25 des 29 pays africains visités par le souverain accueillent des IDE marocains soit l'équivalent de 47,17 % du total des pays de l'Afrique, contre seulement 4 pays visités et qui n'accueillent aucun investissement chérifien soit 7,55 % de l'ensemble des pays africains.

---

[164] Calcul de l'auteur arrêté en 2018.

[165] *Ibid.*

[166] Données arrêtés en Décembre 2017.

Figure 25 : Corrélation entre le nombre des visites du Roi Mohamed VI en Afrique et les pays dans lesquels le Maroc investit - 2018[167]

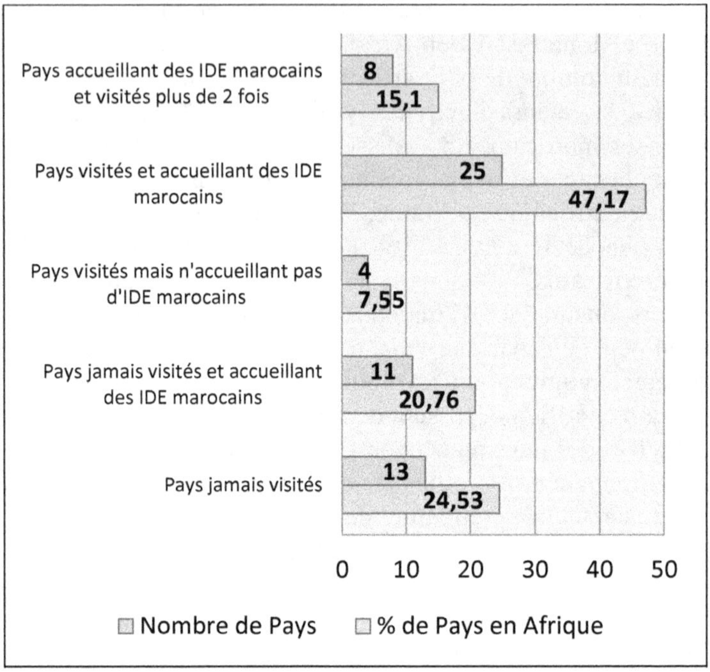

De la même manière, on conclue que seulement 11 pays africains jamais visités par le roi du Maroc voient entrer des IDE marocains soit 20,76 %. Cependant, dans toute l'Afrique, seuls 13 Pays n'ont jamais reçu d'IDE marocains et n'ont aussi jamais étés visités par le souverain, soit 24,53 %. Enfin, on remarque que le souverain a visité plus de 2 fois 8 pays africains, soit 15,1 % des pays du continent. La somme de ces rencontres bilatérales vis-à-vis ces 8 pays est de 32 visites, équivalentes à 60,38 % de l'intégralité des visites qu'a effectués le souverain marocain sur le continent depuis son accession au trône. Aussi, dans ces 8 économies, la moyenne des secteurs dans lesquels le royaume investit est de 6 secteurs, ce qui veut dire presque le double de sa moyenne sur le continent, à savoir 3,38 secteurs. Au

167 Schématisation de l'auteur.

regard de toutes ces considérations, nous estimons que le foisonnement tentaculaire du statut du souverain marocain, en qualité de commandant des croyants, de chef d'État et de roi en même temps, offre aux investissements marocains dont les accords sont signés sous sa présidence effective et celle des chefs d'État des pays hôtes, un caractère consigné et solennel, d'où la connotation géopolitique de ces IDE.

Figure 26 : Carte de corrélation entre le nombre des visites du Roi Mohamed VI en Afrique et le nombre des secteurs d'activités dans lesquels le Maroc investit[168]

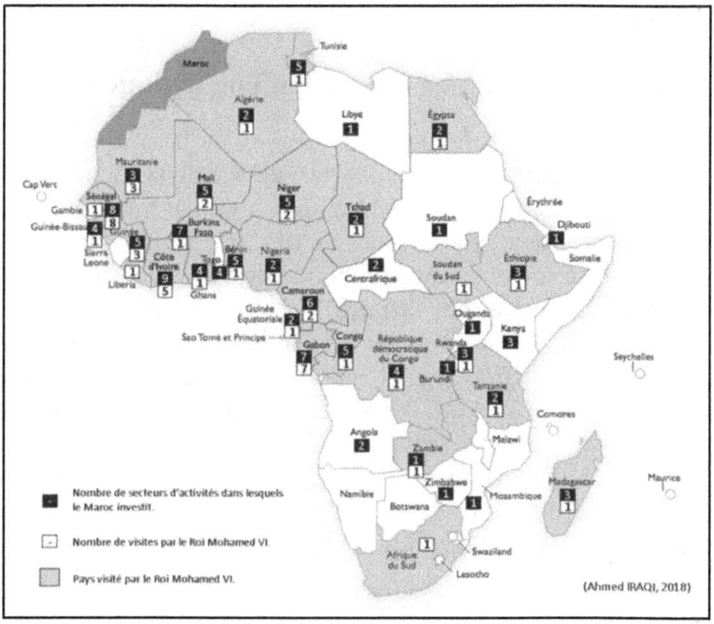

Pareillement, pour entériner l'effet accélérateur des visites royales en termes d'IDE, les données de la cartographie que nous avons conçu dans ce sens démontrent une connexité ostensible entre la récurrence des visites du souverain[169] et la diversification

[168] Schématisation de l'auteur.

[169] En référence à 2 visites ou plus.

sectorielle des IDE marocains[170] à l'instar des cas du Sénégal, du Gabon, de la Côte d'Ivoire, de la Guinée, du Cameroun et du Mali qui ont accueilli pas moins de 5 visites royales et qui ont reçu des IDE marocains touchant à, respectivement, 8, 7, 5, 3 et 2 secteurs d'activités. Ipso facto, moins les visites royales étaient récurrentes dans un pays, moins les investissements marocains l'étaient en termes de ségrégation sectorielle. Enfin, loin d'être une variable de corrélation conditionnelle, les retombées outre politiques des visites du roi sont pour autant omniprésentes et demeurent un facteur stimulant à considérer attentivement dans toute réflexion géopolitique touchant à la stratégie africaine du royaume.

Sous-section 2.2 : La dimension linguistique

Certes, la langue facilite les affaires et la négociation, à défaut, les différences linguistiques peuvent hypothétiquement dans certains cas, entraver l'intention d'investissement même si cela reste, au jour d'aujourd'hui, un obstacle surmontable voire illégitime avec le consensus du monde des affaires sur l'anglais en tant que langue des affaires voire en tant que langue universelle. La [Figure 27] met au diapason les investissements marocains en Afrique par rapport aux différentes zones linguistiques du continent. Partant d'un aperçu global de la carte, à première vue, on ne constate aucune observation particulière, cependant, en décortiquant les dessous de la carte, on s'aperçoit de l'existence d'une divergence de localisation en rapport avec la langue comme élucidé dans le [Tableau 11].

[170] En référence à 3 secteurs ou plus.

Tableau 11 : Tableau synthétique multi-variable de la répartition régionale du Stock des IDE marocains en Afrique[171]

	Nombre de Pays	Nombre de pays accueillant les IDE marocains	Taux de pénétration des IDE marocains par zone linguistique	Moyenne de secteurs dans lesquels le Maroc investit
Afrique francophone	**25**	**22**	**88 %**	**4,27**
Afrique lusophone	**5**	**3**	**60 %**	**2,33**
Afrique anglophone	**18**	**8**	**44,45 %**	**2,25**

Les résultats du Tableau montrent que le Maroc a fait de l'Afrique francophone sa prédilection en tant qu'espace préféré en matière d'implantation d'IDE avec un taux de pénétration moyen de 88 % et une moyenne d'investissement sectoriel de 4,27. Dans cette même lignée arrive ensuite l'Afrique lusophone avec un taux de pénétration de 60 % et une moyenne sectorielle de 2,33. Enfin, l'Afrique anglophone reste la région la moins pénétrée par les investissements marocains avec un taux de pénétration au-dessous de la moyenne, soit 44,45 % et une moyenne sectorielle de 2,25. Derrière cette tendance accentuée, il n'est pas superfétatoire de souligner le rôle prépondérant du partage de la langue française et de la proximité géographique sachant que la majorité des pays francophones sont localisés en Afrique de l'ouest. L'explication que nous avançons dans ce cadre s'articule autour d'une conjonction de facteurs interdépendants qui oscillent principalement autour des

[171] Schématisation de l'auteur.

déterminants géographiques et linguistiques, à l'instar des rapprochements historiques, religieux et culturels entre la région et le royaume.

Figure 27 : Carte de corrélation entre l'implantation des IDE marocains en Afrique et la dimension linguistique[172] [173]

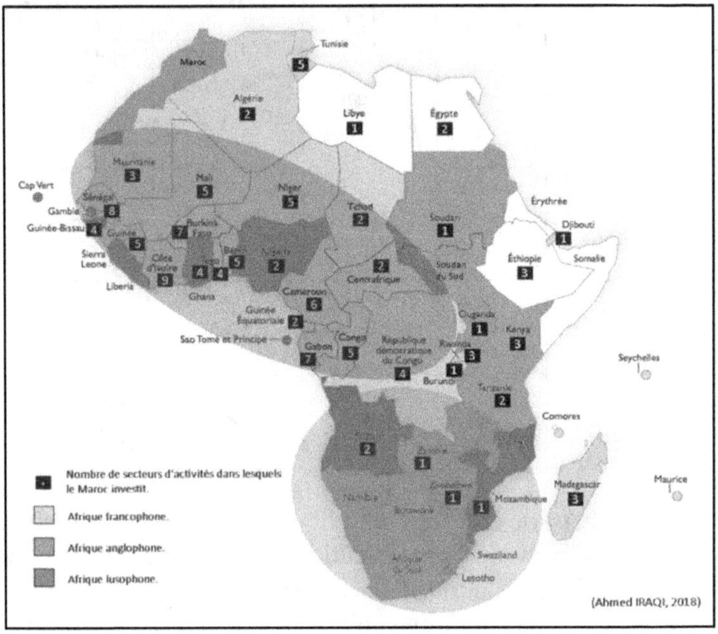

Sous-section 2.3 : La relation OHADA-IDE

D'après les considérations précitées outre notre schématisation [voir Figure 28], nous pouvons observer que les IDE marocains ciblent principalement les pays de l'Afrique de l'Ouest et de l'Afrique centrale. Dans ces pays, les investissements marocains concernent au moins trois secteurs et ciblent pour la plupart des cas plus de quatre secteurs d'investissement. Le secteur bancaire est quant à lui omniprésent

---

172 Schématisation de l'auteur.

173 Nous avons choisi de ne pas délimiter l'Afrique arabophone pour éviter la redondance statistique étant donné que certains pays sont à la fois arabophones et francophones à l'image de l'Algérie, de la Tunisie, de la Mauritanie et du Sénégal.

dans tous ces pays. Autre constat factuel, nous avons conclu que les pays africains recevant de manière amplifiée les IDE marocains sont tous membres de l'organisation pour l'harmonisation du droit des affaires en Afrique (OHADA) avec un taux d'investissement sectoriel de 4,7 secteurs en moyenne excepté pour le Ghana, pour rappel, cette organisation créée en 1996 et dont l'objectif est l'unification du droit des activités économiques des pays membres, compte 17 pays africains membres dont le Bénin, le Burkina Faso, la Côte d'Ivoire, la Guinée-Bissau, la Guinée, le Mali, le Niger, le Sénégal, le Togo, le Cameroun, le Congo, le Gabon, la Guinée Equatoriale, la République Centrafricaine, la République Démocratique du Congo, le Tchad et les Iles Comores.

Cette conclusion est logique sachant que l'unité des règles applicables en matière de droit des affaires dans les pays membres va faciliter les opérations des entreprises et notamment des multinationales. Cela engendre un effet de boule de neige pour les investisseurs déjà implantés dans l'un des pays de l'OHADA et désirant élargir leur marché dans cette même zone régionale. Ainsi, au-delà la proximité géographique, des liens historiques et du potentiel économique, cette conclusion à connotation juridique et réglementaire vient favoriser l'explication de la densification des investissements marocains dans la région.

Figure 28 : Corrélation entre le nombre de secteurs d'activités dans lesquels le Maroc investit et le statut des pays africains en tant que membres de l'OHADA[174]

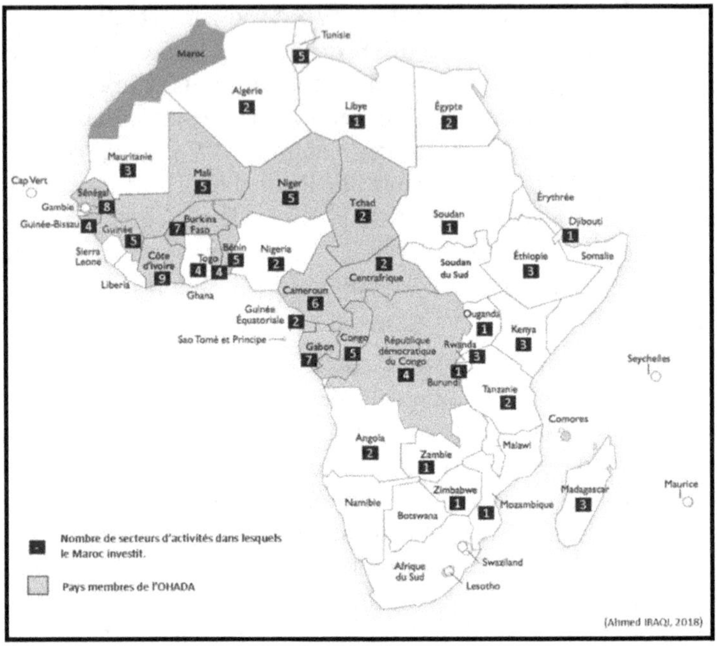

Par ailleurs, une deuxième supposition logique est soulevée par l'appartenance de la majorité des pays de l'Afrique de l'Ouest à cette organisation régionale, territoire de concentration par excellence des IDE marocains, constat fortifiant cette corrélation que nous qualifions de naturelle au-delà de toute considération.

Sous-section 2.4 : L'effet domino du secteur bancaire

D'après la figure suivante, nous remarquons que les IDE marocains sont davantage plus concentrés dans les pays connaissant l'implantation d'au moins une banque marocaine.

[174] Schématisation de l'auteur.

Figure 29 : Cartographie de corrélation entre l'implantation des banques marocaines et le nombre de secteurs d'activités dans lesquels le Maroc investit en Afrique[175]

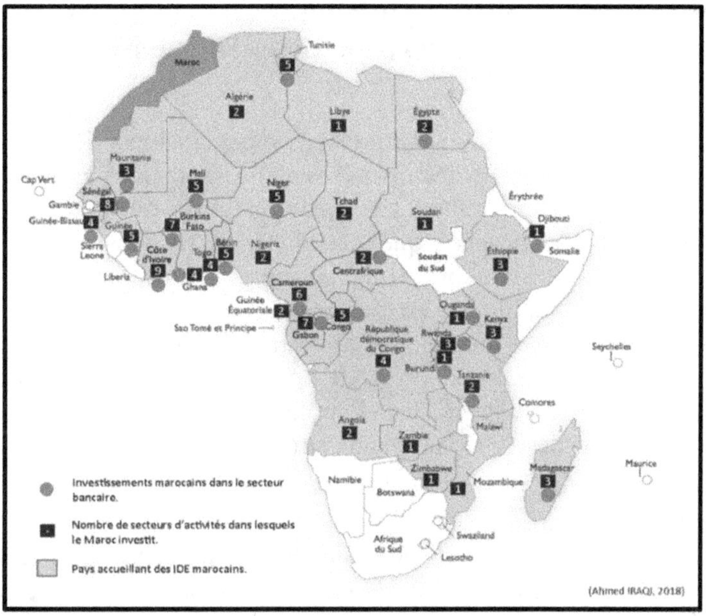

Dans ces économies, si on comptabilise la moyenne des secteurs dans lesquels le royaume investit, elle est équivalente à 4,15 secteurs, ce qui est supérieur à la moyenne d'investissement sectoriel du Maroc sur le continent, à savoir 3,38 secteurs. [voir Tableau 10] On retient par là que le secteur bancaire et financier va créer un effet d'entraînement en attirant d'autres investissements marocains dans d'autres secteurs vers ces mêmes pays. Cela est en partie expliqué par la confiance des acteurs économiques marocains dans les banques nationales.

Enfin, nous estimons que les institutions financières et notamment bancaires sont celles qui précèdent tout investissement par des études de faisabilité approfondies qui vont éventuellement subséquemment encourager les investisseurs outre-bancaires à considérer favorablement des intentions

[175] Schématisation de l'auteur.

d'investissement dans les environnements d'affaires ciblés préalablement par lesdites banques.

Section 3 : Bilan synthétique de la répartition géographique et sectorielle des IDE marocains en Afrique

Nous avons synthétisé toutes nos conclusions liées à la distribution sectorielle des investissements marocains au niveau des cinq régions africaines à travers des variables que nous avons considérées comme spécifiques et caractérisantes dans un tableau synthétique multi-variable [voir Tableau 13]. Ainsi, mis à part la variable géographique et sectorielle, nous avons décidé d'introduire la variable politique, incarnée dans la reconnaissance de la pseudo RASD par les pays africains, et ce afin de mieux élargir les hypothèses explicatives de la concentration des IDE marocains sur le continent en termes de pertinence. Ce bilan synthétique nous amène aux constatations suivantes :

- L'existence d'une interdépendance entre la part du secteur bancaire dans le taux de pénétration et celui du secteur d'assurances, ainsi, plus les investissements dans le secteur bancaire sont présents, plus les investissements en assurance sont amplifiés ;
- L'existence d'une relation causale de type effet boule de neige entre la part du secteur bancaire dans le taux de pénétration et la part des autres secteurs d'activité dans le taux de pénétration, en d'autre sens, plus la part du secteur bancaire augmente, plus la part des autres segments de développe ;
- L'existence d'une corrélation entre le taux de présence des IDE et le nombre moyen de secteurs d'activité concernés par ces investissements par région, autrement dit, plus le taux de présence est élevé, plus le nombre de secteurs d'activité des investissements augmente ;

- La non-existence d'une concordance automatique entre le taux de pénétration des IDE dans les pays d'accueil et leur reconnaissance de la pseudo RASD malgré la validation de cette théorie dans le cas de l'Afrique australe ;
- La non-corrélation entre l'investissement ou le non-investissement dans des secteurs spécifiques avec la reconnaissance de la pseudo RASD ;
- La non-corrélation entre le nombre de secteurs dans lesquels le Maroc investit et la reconnaissance de la pseudo RASD ;
- L'Afrique de l'Ouest demeure la région la plus ciblée par les investissements marocains d'ordre bancaire et financier ;
- L'Afrique australe reste la région la moins ciblée par IDE marocains.

Géographiquement parlant, les investissements marocains demeurent concentrés en Afrique de l'Ouest et en Afrique centrale, deux régions connaissant un intérêt très contrasté de la part des firmes multinationales marocaines sachant que la première zone est fortement plébiscitée alors que la deuxième provoque de plus en plus de réticence. De la même manière, la région de l'Afrique australe reste quasi-inexploitable par les entreprises marocaines au moment où elle est de plus en plus ciblée par les FMN étrangères. Le même constat s'affirme pour la région de l'Afrique de l'Est. À cet effet, le royaume devrait équilibrer sa concentration géographique en Afrique et exploiter de nouvelles pistes d'investissement en s'inspirant de la tendance mondiale qui reste globalement menée par une veille stratégique plus poussée et des études de retour sur investissement certaines à partir desquelles il pourrait s'inspirer.

Tableau 12 : Tableau synthétique multi-variable de la répartition régionale du Stock des IDE marocains en Afrique[176]

Région de l'Afrique	Moyenne des pays reconnaissant la pseudo RASD	Taux de présence des ide marocains	Part du secteur bancaire dans le taux de pénétration	Part du secteur des assurances dans le taux de pénétration	Part du secteur des télécoms dans le taux de pénétration	Moyenne des secteurs concernés par les ide marocains
AFRIQUE DU NORD	60 %	100 %	60 %	40 %	20 %	2.6
AFRIQUE DE L'OUEST	13 %	73 %	91 %	82 %	55 %	5.27
AFRIQUE CENTRALE	0 %	89 %	75 %	50 %	25 %	3.62
AFRIQUE DE L'EST	21 %	57 %	87,50 %	37,50 %	0 %	2.12
AFRIQUE AUSTRALE	70 %	40 %	0 %	25 %	0 %	1.25
AFRIQUE	28 %	68 %	72 %	53 %	25 %	3.38

Les IDE marocains vers l'Afrique subsaharienne devraient poursuivre leur tendance haussière dans les prochaines années, compte tenu de la volonté du Maroc à renforcer ses relations avec les pays du Sud en général et envers les pays de l'Afrique de l'ouest en particulier notamment grâce à sa demande d'adhésion à la CEDEAO d'une part, et à la stabilité macroéconomique et au niveau de croissance économique élevée qu'a connu le continent africain durant les dernières années d'autre part, ce qui aurait des retombées bénéfiques aussi bien pour le Maroc que pour ses

[176] Schématisation de l'auteur.

partenaires en termes d'échanges commerciaux et de coopération économique.

Finalement, nous considérons que les présentes conclusions auraient pu être plus significatives si on disposait de données plus élargies notamment en termes d'IDE originaires des PME marocaines d'un côté, et de statistiques plus récentes dans ce sens d'un autre côté.

CONCLUSION

Au cours des développements du présent ouvrage, nous avons tout d'abord ancré notre problématique dans un cadre de vérification tridimensionnelle interdépendante dans la mesure où on a étudié la motivation stratégique derrière l'implantation des investissements directs étrangers marocains en Afrique à travers l'analyse distincte de son motif économique, politique et tendanciel. Ensuite, nous avons interprété le rôle outre économique de ces IDE dans la configuration du soft-power du Maroc tout en décortiquant ses principales caractéristiques et notamment son ambivalence stratégique.

Ainsi, la répartition des IDE marocains au niveau des principales régions du continent suit plusieurs logiques, à la fois géographiques puisqu'on remarque une tendance à investir plus dans les régions avoisinantes contre une tendance à investir moins dans les zones relativement éloignées. Aussi, les IDE marocains étaient naturellement destinés aux pays francophones, nous avons également observé que les affaires marocaines étaient principalement concentrées dans les pays membres de l'OHADA. Sectoriellement parlant, Les banques et assurances, les télécommunications, le phosphate et l'immobilier sont les principaux secteurs ciblés par les champions nationaux en la matière. Ces segments sont d'ailleurs des sources intarissables de création de valeur ajoutée. D'autant plus, tous les secteurs d'activités sont porteurs de valeur ajoutée en Afrique, en particulier la finance, les télécommunications, les infrastructures et l'immobilier. Au regard des appréhensions dégagées jusqu'à présent, la question qui met au diapason les IDE marocains face à l'intégrité territoriale demeure toujours non clarifiée. Conséquemment, aucune discrimination politique n'est opérée par les IDE marocains dans ce sens. Ainsi, les seules explications logiques figurant derrière l'absence des investissements marocains dans quelques pays reconnaissant la pseudo RASD s'articulent autour de l'éloignement géographique, la différence linguistique et le motif purement économique traduit par l'inexistence d'opportunité ou l'existence éventuelle de barrières à l'entrée en rapport avec la concurrence directe avec les FMN locales. Face à la concurrence, les secteurs des infrastructures et des transports en Afrique sont désormais quasi monopolisés par la Chine. De même l'Inde concurrence la chine et s'accapare de plus en plus de marchés dans ce sens. La France a été dépassée par le Maroc, mais reste toujours un protagoniste de taille. Le même constat est applicable sur l'Afrique du Sud qui concurrence le Maroc dans ses secteurs préférés.

Après avoir esquissé la présence des investissements marocains en Afrique, nous pouvons appuyer qu'économiquement parlant, au regard de l'expertise capitalisée par les champions nationaux dans différents secteurs d'activité, le taux de rendement des investissements marocains connaitra une croissance exponentielle et permettra aux instigateurs économiques concernés d'élargir davantage leur champ d'investissement sur le continent. À cela s'ajoute l'émergence d'une classe moyenne africaine avide de consommation outre un climat d'affaires en constante amélioration. Du coup, l'implantation de nouvelles firmes marocaines désirant exploiter les potentialités qu'offre le continent reste très plausible derrière l'inspiration et les succès stories provenant des investisseurs précurseurs. Sur le plan géographique, vu le potentiel tant recelé en Afrique de l'est, on pourra assister à un début de pénétration et de densification des investissements marocains dans cette région notamment de la part des mastodontes marocains. Subséquemment, la distribution des IDE marocains deviendra plus équilibrée sur la carte. Du point de vue politique, on se permettra d'apporter une prévision future malgré l'impossibilité d'anticiper exactement les retombées outre-économiques des IDE puisqu'elles ne suivent généralement aucune règle. Bien que parfaitement lancé sur la scène africaine, surtout à travers la réintégration de l'UA et l'accord de principe obtenu après sa demande d'adhésion à la CEDEAO, le royaume devra consacrer davantage d'efforts dans la défense de ses intérêts sur le continent puisqu'il fait face à des détracteurs puissants, en particulier l'Algérie et l'Afrique du sud, qui suivent de très près ses avancées et tentent par tous les moyens de les ralentir et de les entraver, conscients du poids et de la légitimité qu'il gagne auprès de la communauté continentale et mondiale. Or, il est certain que le Maroc arrivera avec le temps à aligner dans ses rangs la majorité écrasante des pays africains pour la défense de ses positions politiques, en particulier par rapport à son intégrité territoriale à l'image de son expérience réussie lors de son retour à l'UA. Cette conjonction de facteurs consolidera le statut du royaume en tant que puissance continentale indéniable, pour autant, les entreprises marocaines devront affronter avec acharnement la concurrence internationale à travers des stratégies adaptées et répondant aux besoins spécifiques du consommateur africain.

La ventilation des IDE marocains sur le continent fait clairement apparaitre que le motif économique demeure le plus consolidé et le plus réaliste dans l'explication de cette offensive même si les motivations marocaines ne peuvent être résolument synthétisées par un seul et unique objectif escompté. Dans la même lignée, l'ossature de la diplomatie marocaine sur le continent a développé un modèle polymorphe unique, capable de se mettre en harmonie avec les spécificités des pays africains ciblés. Entretemps, cette volatilité des mécanismes opérationnels de la politique étrangère a permis au royaume de s'ériger en tant que modèle diplomatique sur l'échiquier continental grâce notamment à son retour historique au sein de l'union africaine, mais aussi en devenant le premier investisseur intra-africain.

Enfin, le leadership marocain, de plus en plus remarqué sur la scène continentale, devra certainement faire accélérer le processus de retrait de reconnaissance de la pseudo RASD dans de nombreux pays africains, grâce notamment à la politique de rapprochement qu'il emploie vis-à-vis les pays africains alliés de l'État fictif. En revanche, en termes d'investissement, les concurrents internationaux ne manquent pas et le royaume devra redoubler d'efforts de peur de se voir surpassé par ses compère africains avant même d'être dominé par les FMN étrangères.

BIBLIOGRAPHIE

Abdelghani AOUIFIA, *La visite royale en Zambie : Percée diplomatique et économique inédite du Maroc en Afrique australe*, Agence marocaine de presse, 2017

Abdelghani AOUIFIA, *Retour du Maroc à l'UA : Une diplomatie Royale de l'action au service de l'émergence d'une Afrique Nouvelle*, Agence marocaine de presse, 2017

Abdellah SAAF, *Le grand retour du Maroc à l'union africaine*, Policy Brief PB-17/08, 2017

Abdelmalek TERKEMANI, *Quand Antsirabe était la capitale du Maroc, toute l'Afrique espérait*, Marocitinéraires, 2016

Abdourahmane SECK et Nazarena LANZA, *Maroc-Sénégal : une histoire contemporaine entre dynamiques mémorielles et logiques de patrimonialisation*, Les études et essais du centre Jacques Berque N° 22, 2014

Abu El Farah YAHIA, *La présence marocaine en Afrique de l'ouest : cas du Sénégal du Mali et de la Cote d'ivoire*, Institut des études africaines, Rabat, 1997

Agence marocaine de presse et Maroc Diplomatie, *L'exemplarité et la pertinence de la stratégie de Sa Majesté le Roi en matière de lutte anti-terroriste saluée par la communauté internationale à New York*, 2016

Agence marocaine de presse, *Diplomatie économique, une nouvelle feuille de route*, 2014

Ahmed IRAQI, *Étude des composantes élémentaires du Marketing pays du Maroc en Afrique*, Proceedings des actes du colloque international sur le management et la stratégie des organisations CIMSO 2018, 2018, pp. 477-492

Ahmed IRAQI, *Étude descriptive de l'état des lieux et des perspectives de développement des infrastructures en Afrique subsaharienne : Entre attraction et répulsion des investissements étrangers*, Mohammed RAJAA (Dir.), La logistique de demain, l'essence de l'excellence de la chaîne logistique (Ouvrage collectif), 2019, pp. 21-39

Ahmed IRAQI, *L'articulation de la dimension sécuritaire et religieuse dans la politique étrangère du Maroc en Afrique subsaharienne : Branding religieux à double face*, International Journal of Innovation and Applied Studies, Vol. 25 No. 3 Feb. 2019, pp. 890-899

Ahmed IRAQI, *L'investissement direct étranger en tant que facteur géopolitique du soft power marocain en Afrique : Réflexion interprétative*, Revue Paix et sécurité internationales, Num. 7, 2019, pp. 279-297

Ahmed IRAQI, *La stratégie du Maroc en Afrique subsaharienne : Diplomatie polymorphe*, éditions universitaires européennes, 2019, pp. 25-43

Ahmed IRAQI, *Le Maroc et l'Afrique, ébauche d'une histoire pluridimensionnelle et multiséculaire*, Éditions Edilivre Aparis, 2019

Ahmed IRAQI, *Les apories structurelles en Afrique en tant que facteurs répulsifs des investissements directs étrangers : Clivage entre Afro-optimisme et Afro-pessimisme*, Revista de estudios fronterizos del estrecho de Gibraltar, Num. 7, 2019, pp. 1-25

Ahmed IRAQI, *Répartition cartographique des investissements directs étrangers marocains en Afrique : Lecture géostratégique, Public and Non profit Management Review, Vol. 4.2 Sep. 2019, pp. 39-56*

Ahmed IRAQI, *The growth of the African middle class as a determining factor in attracting foreign direct investments*, Proceedings of the 38th International scientific conference on Economic and Social Development, 2019, pp. 32-39

Alexandre KATEB, *Le Maroc, entre diplomatie d'influence et stratégie d'émergence*, La tribune, 2013

AttijariWafa Bank, *Rapport d'activité et de responsabilité sociale*, 2017

Bakary SAMBE, *Le Maroc au sud du Sahara : une stratégie d'influence à l'épreuve des mutations géopolitiques*, 2016

Banque africaine de développement, Organisation de coopération et développement économiques, Programme des nations unies pour le développement, *Perspectives économiques en Afrique*, 2017, p. 54-56

Banque africaine de développement, *Perspectives économiques en Afrique 2018*, 2018, p. 87
Banque populaire, *Rapport annuel*, 2017
Bernard LUGAN, *Histoire du Maroc des origines à nos jours*, Éditions Perrin, 2000
Bernard LUGAN, *Les relations transsahariennes, de l'antiquité à l'époque moderne,* Clio, 2000
Bernard LUGAN, *Tombouctou, la cité mystérieuse*, Clio, 2016
BMCE Bank of Africa, *Rapport annuel*, 2016
Carnes LORD, *Diplomatie publique et soft power*, Politique américaine, Vol. 3, N. 3, 2005, pp. 61-72
Chambre de commerce et d'industrie de Paris, *Développement international des entreprises, quel apport de la diplomatie économique ?*, 2012
CEDEAO, *Étude de la CEDEAO sur les implications de l'adhésion du Maroc*, 2017
Centre d'études internationales, *Une décennie de réformes au Maroc (1999-2009)*, 2010, p. 360
Christophe BOUTIN, *Le Maroc, plus que jamais en Afrique*, Bulletin de l'observatoire d'études géopolitiques, N° 48, 2017
CNUCED, *Rapport sur l'investissement dans le monde*, 2017
CNUCED, *Rapport sur l'investissement dans le monde, Investissement et nouvelles politiques industrielles*, 2018
Communauté économique et des États de l'Afrique de l'ouest, *Communiqué final de la cinquante et unième session de la conférences des chefs d'état et de gouvernement de la CEDEAO*, p. 10
Diplomatie, *Bourita : « L'offre marocaine en Afrique est singulière et multidimensionnelle* », Article19.ma, 2017
Eric BERR, *La dette des pays en développement : Bilan et perspectives*, Revue africaine des sciences économiques et de gestion, 2003
Ernest & Young, *EY's Attractiveness Program Africa*, 2017, p. 20
Fahd IRAQI, *Maroc : Un solide plan d'affaires en Afrique*, Jeune Afrique, 2015
Gilles OLAKOUNLÉ YABI, *Maroc et CEDEAO : Oui à un partenariat stratégique privilégié*, Jeune Afrique, 2017

Haby NIAKATÉ, *Le Maroc à la CEDEAO, une adhésion loin de faire l'unanimité*, le monde, 2017

Hassan AOURACH, *Le Maroc à la CEDEAO : Une intégration logique, légitime et porteuse d'apports considérables pour les deux parties*, Maroc diplomatique & MAP, 2017

Imane AZMI, *OCP Africa, nouveau bras armé du Maroc en Afrique*, Telquel, 2016

Imane EL GHAZALI, *Géoéconomie du Maroc contemporain : 5 caractéristiques majeures*, Géopolitique et géoéconomie, 2016

Institut Amadeus, *Le Maroc et l'Afrique, pour une mobilisation nationale d'envergure*, 2014, pp. 106-115

Institut royal des études stratégiques - IRES, *Atlas cartographique de l'Afrique*, 2017

Institut royal des études stratégiques - IRES, *La diplomatie culturelle marocaine, proposition d'un modèle rénové*, 2015

Institut royal des études stratégiques - IRES, *La réputation du Maroc dans le monde, Country Reptrak 2017*, 2017

Ismaïl RÉGRAGUI, *La diplomatie publique marocaine : une stratégie de marque religieuse ?*, Éditions l'harmattan, 2014

Jean Louis TRIAUD, *Islam, sociétés et politique en Afrique subsaharienne : Les exemples du Sénégal, du Niger et du Nigeria*, Éditions les indes savantes, 2007

Jean Luis TRIAUD, *La relation historique maghrebo-africaine : une dimension islamique*, Cultures Sud, 169, 2008, pp. 47-53

Jean Modeste KOUAME, *CIMAF augmente ses capacités en Côte d'Ivoire*, l'économiste, N.5275, 2018

Jean-Louis MIEGE. *Le commerce transsaharien au XIXe siècle, Revue de l'Occident musulman et de la Méditerranée*, n° 32, 1981, pp. 93-119

Joseph NYE, *Bund to lead : The changing nature of American power*, 1990

Joseph NYE, *Soft Power : The Means to Success in World Politics*, Public Affairs, 2004

Julien WAGNER, *Engrais : OCP, quelle stratégie en Afrique ?*, Jeuneafrique, 2018

Le matin, *Nareva et Engie s'unissent pour conquérir l'Afrique*, 2016

Louis DELATRONCHETTE, *Cartographie de la présence des grandes entreprises marocaines en Afrique*, Telquel, 2017

Maroc diplomatique, *Le groupe AttijariWafa Bank a investi plus d'un milliard de dollars en Afrique durant les sept dernières années*, 2017

Maroc diplomatique, *Le Maroc et le Continent Africain, une Vision Royale*, 2017

Maroc Telecom, *Rapport financier*, 2017, pp. 7-8

Michel ABITBOL. *Le Maroc et le commerce transsaharien du XVIIe au début du XIXe siècle*, Revue de l'Occident musulman et de la Méditerranée, n° 30, 1980, pp. 5-19

Ministère de l'économie et des finances, Al Maliya, N.58, 2015, p. 10

Ministère de l'économie et des finances, *Échanges commerciaux Maroc-CEDEAO : Opportunités par pays et par produit*, 2018

Ministère de l'économie et des finances, *Relations Maroc-Afrique, l'ambition d'une ''nouvelle frontière''*, 2015

Mohamed CHAOUI, *Formation des imams : Comment le Maroc tisse son réseau africain*, L'économiste, 2017

Moubarak LO, *Relations Maroc-Afrique subsaharienne : Quel bilan pour les 15 dernières années ?*, OCP Policy center, 2016, pp. 41-48

Nations Unies, Commission économique pour l'Afrique, *Financements innovants pour la transformation structurelle des économies ouest-africaines*, 2017, p. 27

Nazarena LANZA, *Liens et échanges entre le Maroc et l'Afrique subsaharienne : éléments pour une perspective historique*, 2013

Ndioro NDIAYE, *Quel est l'impact de l'adhésion du Maroc à la Communauté économique des États de l'Afrique de l'Ouest (CEDEAO) sur le plan de la migration et comment réajuster la politique migratoire marocaine en vigueur ?*, Institut royal des études stratégiques - IRES, Actes de la rencontre internationale La question migratoire e Afrique : Enjeux, Défis et Stratégies de réponse, pp. 159-169

Office des Changes, *Échanges Maroc-Afrique Subsaharienne*, 2017, pp. 24-28

OMC, Communiqué de presse, Press/137, *Le paiement des dettes des pays pauvres se fait au détriment de l'éducation et de la santé*, journal Al Alam, 2001, p. 6

Pierre BOILLEY et Jean-Pierre CHRÉTIEN, *Histoire de l'Afrique ancienne, Commerce caravanier et traites transsahariennes, Les échanges transsahariens entre le VIIIe et le XVIe Siècle*, La documentation française, 2010, pp. 28-29

Reda BERRADA, *Gazoduc Nigéria-Maroc : Voici les prochaines étapes*, Afrique.medias24, 2018

Rim BERAHAB, *Relations entre le Maroc et l'Afrique subsaharienne : Quels potentiels pour le commerce et les investissements directs étrangers ?*, Policy Brief, OCP Policy center, 2017

Salaheddine LEMAIZI, *Le Maroc se positionne sur le continent africain*, Leseco, 2018

Soumayya DOUIEB, *La nouvelle stratégie africaine du Maroc*, cfcim.org, 2016

The Banker, 2017

Touré OMOROU, *L'adhésion du royaume du Maroc à la communauté économique des États de l'Afrique de l'ouest - CEDEAO*, Institut de l'Afrique de l'ouest, 2017

Union africaine, banque africaine de développement et la commission économique pour l'Afrique, *État de l'intégration régionale en Afrique 5, vers une zone de libre-échange continentale africaine*, 2012

Union africaine, banque africaine de développement et la commission économique pour l'Afrique, *État de l'intégration régionale en Afrique 8, vers la réalisation de la zone de libre-échange continentale*, 2017

Liste des Sigles et Abréviations

AMCI	Agence marocaine de la coopération internationale
AMDIE	Agence marocaine de développement des investissements et des exportations
APD	Aide publique au développement
BBE	Barclays Bank Egypt
BCP	Banque centrale populaire
BMCE	Banque marocaine du commerce extérieur
BRICS	Brésil, Russie, Inde, Chine et Afrique du Sud
BTP	Bâtiments et Travaux Publics
CADTM	Comité pour l'annulation de la dette du tiers monde
CBAO	Compagnie bancaire de l'Afrique occidentale
CCG	Conseil de coopération du golfe
CCGT	Consortium pour les canalisations, les granulats et les travaux
CEDEAO	Communauté économique des États de l'Afrique de l'Ouest
CEMAC	Communauté économique et monétaire des États de l'Afrique centrale
CEN-SAD	Communauté des États sahélo-sahariens

CER	Communauté économique régionale
CIMA	Conférence interafricaine des marchés d'assurance
CIMAF	Ciments de l'Afrique
CNUCED	Conférence des Nations unies sur le commerce et le développement
COMASEL	Compagnie Maroco-sénégalaise de l'électricité
COSUMAR	Compagnie sucrière marocaine de raffinage
ECOWAS	Economic community of west African states
FDI	Foreign direct investments
FMI	Fond monétaire international
FMN	Firme multinationale
IDE	Investissement direct étranger
IDI	Investissement direct international
IPPTE	Initiative pour les pays pauvres très endettés
MASEN	Agence marocaine d'énergie solaire
MP	Matière première
NTIC	Nouvelles technologies de l'information et de la communication
OCP	Office chérifien des phosphates
OHADA	Organisation pour l'harmonisation du droit des affaires en Afrique

OMC	Organisation mondiale du commerce
ONEE	Office national de l'électricité et de l'eau potable
ONEP	Office national de l'eau potable
ONHYM	Office national des hydrocarbures et des mines
ONU	Organisation des Nations Unies
OPCVM	Organisme de placement collectif en valeurs mobilières
OUA	Organisation de l'Unité africaine
PIB	Produit intérieur brut
PMA	Pays les moins avancés
PME	Petites et moyennes entreprises
PPTE	Pays pauvres très endettés
PVD	Pays en voie de développement
RASD	(Pseudo) République arabe sahraouie démocratique
RDC	République démocratique du Congo
RN	Ressources naturelles
UA	Union africaine
UE	Union européenne
UEMOA	Union économique monétaire de l'Afrique de l'ouest

UMA	Union du Maghreb arabe
WAPH	West Africa Pharma
ZLEC	Zone de libre-échange continentale

Liste des Figures

Liste des Tableaux

TABLE DES MATIÈRES

Structures éditoriales du groupe L'Harmattan

L'Harmattan Italie
Via degli Artisti, 15
10124 Torino
harmattan.italia@gmail.com

L'Harmattan Hongrie
Kossuth l. u. 14-16.
1053 Budapest
harmattan@harmattan.hu

L'Harmattan Sénégal
10 VDN en face Mermoz
BP 45034 Dakar-Fann
senharmattan@gmail.com

L'Harmattan Cameroun
TSINGA/FECAFOOT
BP 11486 Yaoundé
inkoukam@gmail.com

L'Harmattan Burkina Faso
Achille Somé – tengnule@hotmail.fr

L'Harmattan Guinée
Almamya, rue KA 028 OKB Agency
BP 3470 Conakry
harmattanguinee@yahoo.fr

L'Harmattan RDC
185, avenue Nyangwe
Commune de Lingwala – Kinshasa
matangilamusadila@yahoo.fr

L'Harmattan Congo
67, boulevard Denis-Sassou-N'Guesso
BP 2874 Brazzaville
harmattan.congo@yahoo.fr

L'Harmattan Mali
Sirakoro-Meguetana V31
Bamako
syllaka@yahoo.fr

L'Harmattan Togo
Djidjole – Lomé
Maison Amela
face EPP BATOME
ddamela@aol.com

L'Harmattan Côte d'Ivoire
Résidence Karl – Cité des Arts
Abidjan-Cocody
03 BP 1588 Abidjan
espace_harmattan.ci@hotmail.fr

L'Harmattan Algérie
22, rue Moulay-Mohamed
31000 Oran
info2@harmattan-algerie.com

L'Harmattan Maroc
5, rue Ferrane-Kouicha, Talaâ-Elkbira
Chrableyine, Fès-Médine
30000 Fès
harmattan.maroc@gmail.com

Nos librairies en France

Librairie internationale
16, rue des Écoles – 75005 Paris
librairie.internationale@harmattan.fr
01 40 46 79 11
www.librairieharmattan.com

Librairie l'Espace Harmattan
21 bis, rue des Écoles – 75005 Paris
librairie.espace@harmattan.fr
01 43 29 49 42

Lib. sciences humaines & histoire
21, rue des Écoles – 75005 Paris
librairie.sh@harmattan.fr
01 46 34 13 71
www.librairieharmattansh.com

Lib. Méditerranée & Moyen-Orient
7, rue des Carmes – 75005 Paris
librairie.mediterranee@harmattan.fr
01 43 29 71 15

Librairie Le Lucernaire
53, rue Notre-Dame-des-Champs – 75006 Paris
librairie@lucernaire.fr
01 42 22 67 13

www.ingramcontent.com/pod-product-compliance
Lightning Source LLC
LaVergne TN
LVHW021228061026
849535LV00008B/2973
* 9 7 8 2 3 4 3 1 9 3 6 0 1 *